顧寶田 注譯

新譯百喻經

三民書局 印行

刊印古籍今注新譯叢書緣起

劉振強

人類歷史發展，每至偏執一端，往而不返的關頭，總有一股新興的反本運動繼起，要求回顧過往的源頭，從中汲取新生的創造力量。孔子所謂的述而不作，溫故知新，以及西方文藝復興所強調的再生精神，都體現了創造源頭這股日新不竭的力量。古典之所以重要，古籍之所以不可不讀，正在這層尋本與啟示的意義上。處於現代世界而倡言讀古書，並不是迷信傳統，更不是故步自封；而是當我們愈懂得聆聽來自根源的聲音，我們就愈懂得如何向歷史追問，也就愈能夠清醒正對當世的苦厄。要擴大心量，冥契古今心靈，會通宇宙精神，不能不由學會讀古書這一層根本的工夫做起。

基於這樣的想法，本局自草創以來，即懷著注譯傳統重要典籍的理想，由第一部的四書做起，希望藉由文字障礙的掃除，幫助有心的讀者，打開禁錮於古老話語中的豐沛寶藏。我們工作的原則是「兼取諸家，直注明解」。一方面熔鑄眾說，擇善而從；一方面也力求明白可喻，達到學術普及化的要求。叢書自陸續出刊以來，頗受各界的喜愛，使我們得到很大的鼓勵，也有信心繼續推廣這項工作。隨著海峽兩岸的交流，我們注譯的成員，也由臺灣各大學的教授，擴及大陸各有專長的學者。陣容的充實，使我們有更多的資源，整理更多樣化的古籍。兼採經、史、子、集四部的要典，重拾對通才器識的重視，將是我們進一步工作的目標。

古籍的注譯，固然是一件繁難的工作，但其實也只是整個工作的開端而已，最後的完成與意義的賦予，全賴讀者的閱讀與自得自證。我們期望這項工作能有助於為世界文化的未來匯流，注入一股源頭活水；也希望各界博雅君子不吝指正，讓我們的步伐能夠更堅穩地走下去。

新譯百喻經　目次

導讀

以故事說佛理，是佛祖釋迦以來的重要傳統。載入佛典的大量故事，以事喻理，深入淺出，對宣傳和普及佛法具有不可替代的重要作用，也為世界文學寶庫保存了豐富的遺產。魯迅先生說：「嘗聞天竺寓言之富，如大林深泉，他國藝文，往往蒙其影響。」（《魯迅全集》卷七）這些「如大林深泉」之印度寓言故事，多數出自佛典中。

《出三藏記集》卷九康法邃〈譬喻經序〉載：「譬喻經者，皆是如來隨時方便四說之辭，敷演弘教訓誘之要。牽物引類，轉相證據，互明善惡罪福報應。皆可寤心，免彼三途。如今所聞，億未載一，而前後所寫，互多重複。」這段話簡明概括了佛經故事之源起、類比方法、功能作用和傳播概況，使我們知其概要。

佛經故事數量巨大，內容龐雜，概而言之可分為兩大類：一為闍多伽，即本生故事。本生指佛祖釋迦過去世作菩薩時救度眾生的故事。釋迦前生曾現身為國王、婆羅門、商人、女人以及各種動物等，為了救度眾生，作了許多善業與功德，為此才得到成佛的果報。這些故事多取材於古代印度的民間故事和神話傳說，按照固定的框架把宣傳佛教的要求納入其中，再重新編輯一下，即成為本生話或本生談。這類故事既有散文，也有韻文，或者是韻白穿插。在巴利文佛典中，共收有五百四十七個本生故事，現在我國尚無此書的全譯本，僅有郭良鋆、黃寶生譯之《佛本生故事選》（一九八五年人民文學出版社出版），從中選出一百五十四則故事，約佔全書的六分之一。在漢譯佛典中，本生故事主要分布在《六度集經》、《生經》、《佛本行集經》，以及《大莊嚴論經》、《賢愚經》、《雜寶藏經》等十多種佛典中。這類故事多與佛、菩薩相關，宗教意味較濃。另一類為阿波陀那，即譬喻故事。這類故事數量大，內容豐富，直接編輯起來稱譬喻經者即有五、六種。如《雜譬喻經》一卷本，東漢支婁迦讖譯；兩卷本，東漢末年譯，譯者不詳；《舊雜譬喻經》兩卷本，三國吳康僧會譯；《眾經撰雜譬喻經》兩卷本，比丘道略譯；《佛說譬喻經》一卷本，唐義淨譯等等。本書又名《百句譬喻經》，亦屬此類。此外還有大量散見於各種佛典，未編輯起來的故事。

編選佛經故事的工作早已有人在做，各種本生故事集和譬喻經集，即是早期成果。現代有法國漢學家沙畹（一八六五—一九一八年）把佛經故事翻譯成法文，編成《佛經中五百故事》。還有日本出版一套《佛典童話全集》八大冊，為較有影響之成果。近年來港臺和大陸也出版一些佛經故事集，有將分散於佛典中故事選編成冊的；有選擇數本集中講故事的佛經，編成一套出版的。不管哪種方式，《百喻經》皆為最受看重的一本，因為它篇幅適中，約二萬字左右，百來個故事，多數為雋永凝煉、寓義深遠、富有哲理性的精品，在思想性和藝術性上達到較高水平。

本書編撰者為印度大乘法師僧伽斯那，又作僧伽斯。他沒有來過中國，故對其事跡所知甚少。據載，他從佛經中選出近百條譬喻故事，按需要進行加工製作，編成一部叫作《癡花鬘》的書，用作「教授新學」的教材。綜合分析，故事後面的評論，也應由他完成。全書共九十八則故事，加上開頭的引言和結尾的偈詩，合為百數。這些故事雖稱「抄修多羅藏（經律論三藏中之經藏，佛所說經之結集）中要切譬喻」，但已無法在佛經中一一對應的追尋到它的源流出處。因為同一故事常見於多種佛典，具體情節、繁簡程度也有不少變化，又受資料限制，很難理清其頭緒。本書故事與他書互見者，極為普遍，我們不可能遍閱佛典，一一查找，隨便舉幾例，可見一般。譬如〈蛇頭尾共爭在前喻〉、〈愚人集牛乳喻〉、〈蹋長者口喻〉、〈治鞭瘡喻〉又見《雜譬喻經》；〈小兒得大龜喻〉又見《佛本行集經》，只是後者情節更複雜些。如說龜被捉後設計脫身，提出的理由是入水洗去身上泥；入水逃跑中，主人發覺上當，又以花環引誘，被龜識破等。〈田夫思王女喻〉、〈見水底金影喻〉又見《大莊嚴論經》等等。書中有些故事也不排除直接取材於佛典之外的民間故事和神話傳說。如有十二篇故事開頭用「譬如」，可能是引述某人、某書，不便直接說出，而採取的表達手法，它們或於佛經外另有出處。

譯者求那毗地是僧伽斯那的弟子，梁惠皎《高僧傳》卷三有傳。求那毗地為音譯，意譯為「安進」。「本中天竺人，弱年從道，師事天竺大乘法師僧伽斯。聰慧強記，懃於諷誦，諳究大小乘將二十萬言。兼學外典，明解陰陽，占時驗事，徵兆非一。齊建元（四七九—四八〇年）初來至京師（建康，今南京），止毗耶離寺，執錫從徒，威儀端肅，王公貴勝迭相供請。初，僧伽斯於天竺國抄修多羅藏中要切譬喻，撰為一部，凡有百事，教授新學，毗地悉皆通，兼明義旨，以永明十年（四九二年）秋，譯為齊文。凡有十卷，謂《百喻經》。」求那毗地事跡，又見《歷代三寶記》卷一一、《開元釋教錄》卷六、《出三藏記集》卷九。除《百喻經》外，還譯有《須達長者經》、《十二因緣經》各一卷。齊中興二年（五〇二年）冬，死於建康正觀寺。

本書的宗旨就是破除愚癡，掃除成佛的思想障礙。愚癡即無明。按照佛教理論，無明是對佛理的無知，主要指對四諦說、緣起論、善惡因果、輪迴報應等基本佛理無知，由之導致對外境和自我的執著分別，引發種種行為，種下善業惡業，從而使人陷入無窮的輪迴報應苦海，不得出離。因此袪除愚癡無明，使人開悟，是引導眾生脫離苦海皈依佛門的唯一途徑。浩如煙海的佛家內典，從根本上說，都是服務於這個根本目標的，只是有的偏重理論和戒律的論證解說，有的偏重說故事，以事喻理而已。本書各篇一般都設計一個愚人故事，其中只有五篇以野干、蛇、鴿子、獼猴為主角。其實這些動物也代表愚人，是一種擬人化手法。說完故事，便借題發揮，依佛理進行分析評議，以開導愚蒙，指點迷津。如結尾偈詩指出：「如阿伽陀藥，樹葉而裹之。取藥塗毒竟，樹葉還棄之。戲笑如葉裹，實義在其中。智者取正義，戲笑便應棄。」故事後面的分析評論，意在指明「正義」所在，是根治愚癡之良藥，能領悟於此，便達到目的，可以把笑話丟掉了。

評論部分表達編撰者普度眾生、弘傳佛法的願心，可概括為以下要點：一批判外道。主要是批判外道修煉苦行、迷執邪說、竊取佛法等錯誤，指出外道不從破除愚癡無明、引人開悟入手，顛倒修行主次，把人引入迷途。如〈搆驢乳喻〉，指明外道想通過「裸形自餓，投巖赴火」等苦行修成大道，就如同公驢擠奶一樣虛妄無成。又如〈煮黑石蜜漿喻〉，指明外道讓人臥棘刺上，用火炙烤身體，以圖得道，只是揚湯止沸，而非釜底抽薪，是沒有用的。二剖析世人種種過失和罪業，主要根源於貪欲、怨恨、愚昧無知，佛教稱為「三毒」，是無明的外在表現。如〈見水底金影喻〉，指出愚癡之人不懂緣起法，執著自我與外境為真實，如同以水底金影為真金一樣愚昧。如〈夫婦食餅共為要喻〉，批評世人為小名小利相爭不休，不肯相讓，招致大禍，以致墮入三惡道而不知畏懼。如〈小兒得歡喜丸喻〉，揭示小兒貪吃、乳母貪睡與比丘貪利養，結果失掉一切，皆為因貪而致禍。三解說佛理、訓諭僧徒。此類說教，遍及全書，隨處可見。多數為簡短數語，如〈梵天弟子造物因喻〉，對常斷二邊的論述就比較簡短明白。亦有少數篇章論述較詳，如〈送美水喻〉，闡述一乘與三乘的關係；〈二子分財喻〉，講說四種論等都較詳。這部分內容由於受宣傳佛教限制，難免有牽強附會、拖沓迂曲之病，如魯迅批評的「言必及法，反多拘牽」處，讀者自會判別。

脫去佛理說教外殼，從世俗的純文學角度看，本書更具有較高價值。魯迅先生一九一四年出資在金陵刻經處重刻此書，並在一九二六年寫〈癡花鬘題記〉，認同王品青先生對此書「除去教誡，獨留寓言」的處理辦法，便是從純文學層面著眼推薦的。小說家沈從文先生也認為，多數佛經故事，「常在短短篇章中，能組織極其動人的情節。……故事取材，上自帝王，下及蟲獸，故事布置，常常恣縱不可比方。只據支配材料的手段組織故事的格局而言，實在也可以作為『童話教育文學』以及『幽默文學』者參考。」（見王邦維《佛經寓言故事》之〈前言〉）在藝術創作方法上給予較高評價。

本書成於五世紀中後期，當時正是印度寓言文學發展的鼎盛時期，著名的梵文寓言故事集《五卷書》就流行於那個時代。本書就是在那個大背景下產生的，是在民間創作基礎上，經過文人加工而成的，是古代寓言故事百花園中的一朵奇葩。書中多數作品結構完整，構思奇特，寓義深廣，語言幽默風趣、滑稽可笑。每個癡人既有鮮明個性，又有相似共性，用千變萬化、豐富多彩的人物故事表達統一的思想意向。這些人都有自己獨特的思想方法和處世原則，人們看來極為荒謬愚蠢之舉，他們卻篤信不疑，作起來又認真、又固執，這就造成一個又一個戲劇衝突，如同相聲中精心設計的一個個包袱，都能抖得很響，有很強的戲劇效果，令人笑中有思、笑中有悟，在不知不覺中接受某些哲理的啟迪。譬如〈三重樓喻〉、〈奴守門喻〉、〈五人買婢共使作喻〉、〈師患腳付二弟子喻〉、〈蛇頭尾共爭在前喻〉、〈伎兒著戲羅剎服共相驚怖喻〉、〈搆驢乳喻〉等等，今天讀起來，仍能在笑過之後，引起深思，得到多方啟示和教益，具有永恆的魅力。

書中的故事與思想與中國傳統文化亦能廣泛相通，這不僅表現在有些故事可以找到直接對應的中國版，而且表現在絕大多數故事都可以得到中國讀者的喜愛和共鳴，反映中印兩大相鄰古國在思想文化領域源遠流長的親密關係。如〈乘船失釬喻〉與《呂氏春秋》中刻舟求劍故事，情節相近，寓義相通，只是道具有別而已。〈送美水喻〉中把五由旬改為三由旬與《莊子・齊物論》中朝三暮四與朝四暮三的構想，多麼靈犀相通。〈口誦乘船法而不解用喻〉的故事，明代學者王廷相也講過。大意是有個人關起門來學習划船技術，把如何掌舵、搖槳、運櫓都記得爛熟，可是一入水操作卻翻了船。兩個故事頗為相似。前幾年看過一個動畫片，叫《咕咚來了》。大意是森林中某動物把山石碰到水中，發出咕咚一聲巨響，臨近動物聽到響聲，以為巨獸降臨，拔腿便跑，並大喊「咕咚來了」。聽到的動物也不問究竟，跟著跑，跟著喊，一時之間，森林中亂成一片。直到後來最初那個肇事者說出真相，大家才安靜下來。這與本書〈伎兒著戲羅刹服共相驚怖喻〉的情節和寓義多麼相似啊！如果仔細推究，此類相互影響、相互借鑑的情形一定很多。

除了精品，亦有少數差強人意之作。如有的故事過分簡短，像〈獼猴喻〉，只有十八字；〈月蝕打狗喻〉，只有二十六字。三言兩語，無法展開故事，雖有立意，藝術性和感染力則遜色得多。有的故事立意欠妥，如〈地得金錢喻〉，講一個人在路上拾得一包金錢，在原地數錢時，失主返回，把錢要回。為此，這人懊悔沒有快點離開，致使到手的東西又失去了。推敲起來，此人有違拾金不昧的道德風尚，思想境界低下，不宜宣揚。如果想表達把握時機重要性之立意，盡可設計涵義更積極的故事，以克服其負面影響。這類作品不多，屬玉中之瑕吧。

本書是一部翻譯作品，譯者求那毗地為天竺高僧，來中國十年後譯成此書。他當時運用漢語的能力還不夠純熟、地道，在遣詞造句、表述習慣等方面與傳統的古漢語還不夠完全契合。個別語句讓人覺得生硬、彆扭、費解，不如中國原典那樣流暢，偶有現代人看蹩腳翻譯作品那種感覺，這也是印度等外域僧人把佛典翻譯成漢語時比較常見的不足之處。用詞不當處也是有的，如〈殺商主祀天喻〉，講商人們請到一名嚮導後相隨出發，用了「相將發引」一語，把「發引」一詞等同於引領出發之意。考究「發引」連用，其本義為出殯時柩車啟行，送葬者執紼前導之意。引即紼，指在路上引領柩車前行之索。顯然，發引一詞用在這裡是不恰當的。但總體而言，本書翻譯文字與當時通行語相近，個別不順暢並不影響其閱讀和流通。

體例方面，與本套叢書基本一致，又根據具體情況作了相應變通，作法是：

題解　旨在揭示故事的寓義。原文每段故事後面的評論，是按大乘佛學觀點撰寫的題解。我們則是用世俗觀點揭示故事中蘊含的人生經驗、教訓和哲理。此種揭示分析，只反映撰寫者個人的感受，一家之言而已，有些看法可能缺乏深度和啟發性，甚至不妥當、不足取，讀者可以根據自己的理解，進行取捨和創造性發揮。一則故事如同《周易》通過卦爻給出的一個個易象，觀象可以產生多種類比聯想和推斷，不必受已有言詞所限。

正文　以魯迅先生斷句，金陵刻經處刻本為底本，個別不妥處，則參照他本校改，不作校勘說明，以節省篇幅，統一體例。如〈渴見水喻〉，「君可飲盡」，「君」為「若」之誤，參照他本徑改。〈歎父德行喻〉，「便作是念言」刪去「念」字等，餘皆類此。

注釋　各篇說故事部分，難度不大，只對個別字、詞或有關名物典章、異域風情等作些解釋，分量不多。故事後面的評論部分，多涉及佛學理論、名詞術語、宗教儀軌等，需作適當解說，也只以介紹基本知識為限，不多展開，以免篇幅過大。

語譯　考慮到譯者是位外國人，行文有生硬古怪、不夠流暢處，語譯盡力加以改進，不機械地直譯，力爭準確流暢，合乎本義，又不失原作風格。限於能力，實際操作中恐距此目標尚有相當大的差距。

說明　主要是對文中涉及的重要佛理、概念範疇等，作簡要的解說，幫助讀者增加一些佛學知識和對原文的領悟能力。根據各篇具體情況，需要則寫，不需則略，故所作不多。所作說明，力求簡明，闡釋時難免有不全面、不系統、不準確處，只能作為參考。

將這部一千五百多年前的佛經故事集，準確流暢地介紹給今天的讀者，是一件並不輕鬆的差事。主要有兩大難點：一是對當時印度的風俗民情、名物典章等不熟悉，相關資料又很難查找，解釋起來難度較大。如野干、兜羅緜之類，中國無此物，只能用類比法解釋，不能真正到位。再是涉及佛學和印度歷史知識，較難把握。二是使行文風趣幽默，含而不露，耐人尋味，把讀者吸引住，這一條更難。本人佛學功底有限，又少文才，雖作了極大努力，力求以勤補拙，但疏漏不足之處一定不少。敬請讀者諸君多加斧正，以便改進。

引言

聞如是❶：一時佛住王舍城❷，在鵲封竹園❸，與諸大比丘❹、菩薩摩訶薩❺及諸八部❻三萬六千人俱。是時會中有異學梵志❼五百人俱，從座而起，白佛言：「吾聞佛道洪深，無能及者，故來歸問，唯願說之。」佛言：「甚善。」問曰：「天下為有為無？」答曰：「亦有亦無。」梵志曰：「如今有者，云何言無？如今無者，云何言有？」答曰：「生者言有，死者言無，故說或有或無。」問曰：「人從何生？」答曰：「人從穀而生。」問曰：「五穀❽從何而生？」答曰：「五穀從四大❾火風而生。」問曰：「四大火風從何而生？」答曰：「四大火風從空❿而生。」問曰：「空從何生？」答曰：「從無所有⓫生。」問曰：「無所有從何而生？」答曰：「從自然⓬生。」問曰：「自然從何而生？」答曰：「從泥洹⑬而生。」問曰：「泥洹從何而生？」佛言：「汝今問事，何以爾深？泥洹者是不生不死法⑭。」問曰：「佛泥洹未？」答曰：「我未泥洹。」「若未泥洹，云何得知泥洹常樂？」佛言：「我今問汝，天下眾生為苦為樂？」答曰：「眾生甚苦。」佛言：「云何名苦？」答曰：「我見眾生死時，苦痛難忍，故知死苦。」佛言：「汝今不死，亦知死苦；我見十方諸佛⑮不生不死，故知泥洹常樂。」五百梵志心開意解，求受五戒⑯，悟須陀洹果⑰，復坐如故。佛言：「汝等善聽，今為汝廣說眾喻。」

【注　釋】❶聞如是　我聞如是的主語省略句式。我聽說是這樣的。與多部佛經開篇語「如是我聞」為同義，表示作者是在轉述佛祖的教化語，意在增加內容的神聖性。❷王舍城　古印度摩伽陀國都城，在今印度比哈爾邦底賴雅附近。摩伽陀國之頻毗娑羅王自上茅城舊都遷居於此。城周圍有五座山，城南之靈鷲山最有名，是佛陀和弟子們的講道之所。佛陀在王舍城居住時間較長，留下多處創教遺跡。佛陀死後其弟子在此第一次結集佛教經典，以後又多次結集，對佛教的傳播、發展有重大意義。❸鵲封竹園　即竹林精舍，在王舍城外。相傳王舍城之長者迦蘭陀皈依佛教後，獻出了自己的竹園；頻毗娑羅王又在園內修建精舍，獻給佛陀和僧眾，作為他們居住、講法和修道之所。❹比丘　出家修行的男性僧人。為梵文音譯，意譯為行乞者、乞士。佛教專指出家弟子受具足戒者，男稱比丘，女稱比丘尼。又據嘉祥《法華義疏》一：「比丘名為乞士，上從如來乞法以練神，下就俗人乞食以資身，故名乞士。」《智度論》三：「比名破，丘名煩惱，能破煩惱，故名比丘。」還有解釋為淨持戒、能怖魔諸說，可相互補充。❺菩薩摩訶薩　全稱菩提薩埵摩訶薩埵，簡稱菩薩，為梵文音譯，意譯為發大心自度度他、自覺覺他的修道者。須修習戒定慧三學，實行六度四攝，經歷無數世生死和眾多階梯，才能修得佛果，成為菩薩。摩訶意譯為大，摩訶薩即大菩薩。大有三義，據《十地論》：「大有三種：願大、行大、度眾生大。」在佛教中，文殊、普賢等被視為大菩薩，作為大菩薩，其慈悲與智慧必須充實飽滿。❻八部　守護佛法的八種神怪，即天、龍、夜叉、乾闥婆、阿修羅、迦樓羅、緊那羅、摩睺羅伽。❼梵志　婆羅門之梵文漢譯，指立志求梵天之法者，出家或在家修煉梵天之教的婆羅門都稱梵志。亦指外道信奉者、遊行僧人或一般修道者。❽五穀　稻穀、大麥、小麥、菉豆、白芥子。見《法華軌》。或指大麥、小麥、稻穀、小豆、胡麻。見《建立軌》、《一髻尊陀羅尼經》。與中國五穀所指不同。❾四大　佛教用語。指地水火風四種構成物質世界的基本要素。又稱四界，界是種類之意，指此四類要素均能保持各自形態、不相混淆。又稱四大種，言其如種子一般，能生成萬物。佛教認為有形質的萬物皆由四大派生出來。❿空　佛教哲學的基本範疇，意為萬法皆為因緣生起，無有自性，不斷生滅流轉，不是永恆不變的實體，故謂之空。佛教不同時期、不同流派對空的解釋也有重大差別。原始佛教時期，空只是一般概念，到大乘空宗系統，則以空為其理論基礎，認為主體和客體、我與法都是因緣生起，無自性之空，不可對其生執著之心。同時主張空中攝有，有不離空，如夢幻泡影，雖無自性、無實體，又是真實存在的。⓫無所有　在對本體的無限追溯過程中虛擬的境界，如莊子的無何有之鄉，指一種空虛無物之境界。⓬自然　不加任何外力造作，順任自性，自己而然。⓭泥洹　梵文音譯，通行譯作涅槃，意譯為滅度、寂滅、圓寂，指從一切煩惱繫縛中解脫出來，滅除再生於迷妄世界的種種業因，是佛徒修持達到的最高精神境界。佛教大小乘對涅槃有不同說法。後世稱僧人死去為涅槃，亦稱圓寂。⓮不生不死法　超越生死、永恆存在的最高本體。凡物有生則有死，只有超越生死之二元對立而達中道，才能永恆。法，佛教中內容最寬泛的概念之一，包括色法，一切對象世界；心法，主體精神現象及其所及。亦即宇宙間具體的與抽象的、物質的與精神的、形而上的與形而下的一切，均可稱為法。還有真理、法則、規範、教導諸義。⓯十方諸佛　東、西、南、北、東南、西南、西北、東北、上、下各方的一切佛。⓰五戒　佛教為在家弟子制定的五條戒律，即不殺生、不偷盜、不邪淫、不妄語、不飲酒。⓱須陀洹果　小乘佛教聲聞乘四果位之初果，言其由凡夫初入聖道，已斷盡三界之見惑。尚須在此基礎上不斷修持，共經歷四個階段，才能達到最高的阿羅漢果位。

【語　譯】我聽說是這樣的：有一個時期佛住在王舍城，在竹林精舍內和各位大比丘、大菩薩及守護佛法的八部眾神等三萬六千人一同聚會，當時參加聚會的還有與佛理相異的外道出家者五百人，他們當中有人從座位上站起來，對佛發問說：「我聽說佛道博大精深，沒有任何教理能及得上，因此特地前來請教，希望給我們解說明白。」佛回答說：「很好。」問曰：「天下萬物是有是無？」回答說：「既是有也是無。」梵志問：「如今尚在之物，為何說它是無？如今已經消亡之物，為何說它是有？」回答說：「物之生存者為有，消亡者為無，故而說或有或無。」又問曰：「人從哪裡生出來？」回答說：「人從五穀生出。」問曰：「五穀從哪裡生出？」回答說：「五穀從地水火風四大中生出。」問曰：「地水火風從哪裡生出？」回答說：「地水火風從空中生出。」問曰：「空從哪裡生出？」回答說：「從無所有中生出。」問曰：「無所有從哪裡生出？」回答說：「從自然中生出。」問曰：「自然從哪裡生出？」回答說：「從涅槃生出。」問曰：「涅槃從哪裡生出？」佛說：「你今天問事情，為什麼這樣深入追問不止呀？涅槃是超越生死的永恆存在。」又問：「佛達到涅槃境界沒有？」回答說：「我還未達到涅槃境界。」問曰：「佛如果未達到涅槃，怎麼能得知涅槃境界之常樂呢？」佛說：「我現在問問你，天下眾生是苦還是樂呢？」回答說：「天下眾生是很苦的。」佛問：「憑什麼說他們很苦呢？」回答說：「我看見眾生臨死的時候苦痛難忍，因此而知死是很痛苦的。」佛說：「你現在未死，也知道死的痛苦；我看見十方諸佛超越生死，故而知涅槃之常樂。」五百名梵志於是心開意解，請求接受佛教之五戒，證悟聲聞乘之初果，再回到原來座位，繼續聽佛說法。佛說：「你們好好聽著，現在我為你們廣泛解說各種譬喻。」

【說　明】本篇引言加上末篇偈頌，並正文九十八篇，合為百篇。此篇引言主要有二層意義。一是介紹書中故事來源，是佛祖在王舍城竹林精舍為開導異學梵志所講譬喻故事。開篇「聞如是」即我聞如是，省略了主語我，此與眾多佛經「如是我聞」之開篇語同義。用此種格式表述，作用在於把故事和佛祖聯繫起來，以提高其神聖性和教化功能。實際上此書編撰者僧伽斯那為西元五世紀的天竺法師，與佛祖相距千年，是拉不上什麼關係的。他是把印度民間故事傳說、佛經中的一些故事，加以篩選、改寫編輯而成，用以宣傳佛法，開導愚癡，批判外道。二是通過佛祖回答梵志對本體無限追溯的提問，引出佛教追求的最高境界涅槃。佛祖用聰明的譬喻使眾梵志心開意解，從而接受五戒，證悟聖道之初果。以下的故事都是為此目的而設，只要認真領悟，亦可如眾梵志那樣，由此而達超凡入聖境界。

關於此段引言，《大正藏》本無，《磧砂藏》本有。有人認為非僧伽斯那原著，是後人加上去的。主要根據可歸納為二點：一是結尾偈詩中有「此論我所造」，與引言「佛言：汝等善聽，今為汝廣說眾喻」不符，「我所造」與「佛說」互相矛盾。二是書後有「尊者僧伽斯那造作《癡花鬘》竟」，最初是以《癡花鬘》為書名，並未稱經，《百喻經》等名是後人起的。既未稱經，就不能是佛說。這兩點根據有一定道理。但是，此書中既有佛說的故事，也有編撰者的評論，在當時並無嚴格版權界定和表述方式的時代，稱「佛說」和稱「我所造」就是可以相容的。為了提高本書的神聖性和權威性，編撰者僧伽斯那寫上「聞如是」一段引言是完全可能的，也是必要的，用不著以今人的標準去過分追究。

愚人食鹽喻

【題　解】中國有句古語，叫作「過猶不及」，就是說任何事情都有一個度，把握了度，適度而為，才能得到預想的成功，未達或超過度，都會導致失敗。作菜放多少鹽要適度，節制飲食要有度，做好任何一件事，皆須如此。真理哪怕再往前一小步，就變成了謬誤。

《大智度論》卷一八亦有一則故事，說有個鄉下人，見人往肉菜中放鹽而不解，人告知鹽可使菜味美。這人就想，既然鹽能使物味美，它本身滋味一定更美，就抓一大把鹽塞進口裡，結果又鹹又苦，使口腔受傷。此與本文或據同一素材的不同敘述。

昔有愚人❶，至於他家。主人與食，嫌淡無味。主人聞已，更為益❷

鹽。既得鹽美，便自念言：「所以美者，緣❸有鹽故。少有尚爾❹，況復多也。」愚人無智，便空食鹽。食已口爽❺，返為其患。

譬彼外道❻，聞節飲食，可以得道，即便斷食❼。或經七日，或十五日，徒❽自困餓，無益於道。如彼愚人，以鹽美故，而空食之，致令口爽，此亦復爾。

【注　釋】❶愚人　愚癡之人。指心性暗昧，不通達事理，不解佛教大道之人。❷益　增加；添加。❸緣　因為。❹尚爾　尚且如此。❺口爽　口腔受傷。爽，損傷；傷害。爽有損傷、差錯等義。據《大智度論》卷一八所載食鹽故事有「滿口食之，鹹苦傷口」，鹹苦傷口即又鹹又苦，使口腔受傷，當與口爽同義。❻外道　泛指佛教以外的各種宗教流派和教理。此處特指釋迦在世時流行於印度與佛教正法相悖的宗教派別和修行方法。據《涅槃經》載，主要外道有：投淵外道（在水邊生活，忍受寒冷），赴火外道，自坐外道（裸坐於空曠之地），寂寞外道，牛狗外道（模仿牛狗動作，期望升天）等。隨著佛教的廣泛流傳，外道在不同時期和地域，涵義亦發生很大變化。❼斷食　斷絕飲食。佛教出家弟子在飲食方面有一些限制，如過午不食、不食葷等，這主要是因為佛徒衣食靠人供養，日中吃一餐，可減少供養者的負擔，也有助於用更多時間修煉。不吃葷指不吃蔥蒜之類，因為其氣味辛烈，有刺激性，妨礙修道。但節食不能過度，不能走極端，像自餓外道那樣，變節食為絕食，不但無助於得道，還會危及健康和生命，是違背佛理的。❽徒　空；白白。

【語　譯】從前有一個愚癡的人，他到別人家裡作客。主人用飯菜招待他，他嫌菜味太淡，沒有滋味。主人知道了，就又往菜裡放一點鹽。加鹽後菜變得美味可口，於是這個人就自己琢磨：「菜的滋味所以這樣好，是因為加了鹽的緣故。稍加一點點尚且如此，何況再多加一些呢。」這個愚癡的人不通達事理，竟然空口吃起鹽來。吃進後口中又鹹又苦，反而受到鹽的傷害。

這就好像那些外道之徒，他們聽說節制飲食可以獲得大道，便即刻斷絕飲食。有人經過七天不食，有人經過十五天不食，白白經受飢餓困苦，對修得大道毫無助益。就像那個愚癡之人，以鹽能使菜味變美，而空口食鹽，致使口舌受傷一樣，這些外道之徒所作所為也是如此啊。

【說　明】《百喻經》故事多以愚人為諷喻對象，因為愚癡即佛教所說的無明。佛教十二因緣說，即以無明為起點。佛教認為，人生在世，種種迷妄、執著充塞於心，而生無限煩惱與痛苦，都是無明引起，所以說愚癡無明是「眾痛之本，障道之源」（《法苑珠林・愚癡》）。對治無明，消除愚癡，引導眾生由迷轉悟，皈依佛法，獲得解脫，是佛徒度世救人的宏大心願。佛陀創教說法，就講了許多生動有趣、開啟心智的故事，這個傳統一直延續下來。這些故事結集起來，便產生了佛本生故事，各種譬喻經，以及分散在佛教經典中的故事，《百喻經》即是其中影響較大的一種。

本書每篇故事後面都有一段議論，是作者結合故事寓意對外道的批評，反映故事的時代特色。在佛陀創教和佛教形成時期，印度本土還有其他一些宗教流派，不把這些所謂外道的理論和修行方法駁倒，就不能把廣大民眾吸引到佛教中來，所以這些議論對一般讀者如同贅疣，而對弘傳佛教則是必不可少的。

愚人集牛乳喻

【題　解】觀察事物既要看現象，更要看本質，要把二者結合起來進行深入考察研究，才能把握其內在規律性，按規律去做才能獲得預想的結果。這個蠢人只看牛天天產奶的現象，不追究母牛所以能產奶的原因、條件，便依據現象作形式主義的推論而草率妄為，遭致失敗，犯了與殺雞取卵相類的錯誤。

昔有愚人，將會賓客，欲集[1]牛乳，以擬供設。而作是念：「我今若預於日日中搆[2]取牛乳，牛乳漸多，卒[3]無安處，或復酢敗[4]。不如即就牛腹盛之，待臨會時，當頓搆取。」作是念已，便捉牸牛[5]母子，各繫異處。卻後一月，爾乃設會，迎置賓客，方牽牛來，欲搆取乳，而此牛乳即乾無有。時為眾賓或瞋[6]或笑。

愚人亦爾，欲修布施[7]，方言待我大有之時，然後頓施[8]。未及聚頃[9]，或為縣官水火盜賊之所侵奪，或卒命終，不及時施。彼亦如是。

【注　釋】❶集　集聚、儲存之意。❷搆　擠取牛羊乳。❸卒　最後；終了。❹酢敗　腐敗變酸。此指牛奶存放日久，腐敗變酸。❺牸牛　母牛。牸，雌性牲畜之泛稱。❻瞋　惱恨；生氣。❼布施　佛教用語。把財物施捨給人。佛家認為，眾生由煩惱的此岸世界到達覺悟的彼岸世界，也就是由迷轉悟、由眾生到佛的方法途徑，共有六種，稱「六度」，布施即為其中的第一種。布施可分三類，一為財施，指把自己的財物，乃至自己的頭目手足和生命施捨於人；二為無畏施，指保護眾生安全，使其脫離恐懼；三為法施，指向眾生宣揚佛法，以法度人。❽頓施　一下子把財物施捨於人。頓，頓時；即刻。❾聚頃　聚積起財物那一時刻。頃，頃刻；片刻。

【語　譯】從前有一個愚癡之人，將要設宴招待賓客，打算儲存一些牛奶，以供宴客之用。他這樣想：「我現在如果天天把牛奶擠出來，牛奶就會愈積愈多，最後沒地方存放，或許還會腐敗變酸。不如先在牛肚子裡裝著，等到宴會開始時，當下把牛奶一併擠出來。」作了這樣考慮之後，就把母牛和吃奶的小牛捉住，分別拴到不同地方。過了一個月，這人開始舉辦宴會，邀請並安置賓客們入席就坐，才把母牛牽出來，想把牛奶一併擠出來，可是母牛乳房已經乾癟，擠不出一滴奶汁了。當時在場的眾賓客，對此舉感到又生氣又可笑。

一些愚癡之人也是這樣。他們想修行布施，就說等到我富有之時，再一塊布施吧。可是未等他聚起財物，就被縣官侵擾，或遭水火之災，或為盜賊竊奪，或突然病死，等不到實行布施的時候了。前面那人的想法不也是這樣麼。

以梨打破頭喻

【題 解】俗話說：烏鴉落到豬身上，看到人家黑看不到自己黑。這個愚人只知用眼睛盯著別人的過失，絲毫不知反省自己，以致鬧出大笑話。《舊雜譬喻經》亦有一則故事，講一個富有女人，與人私通，盡攜金銀與情人私奔，來到大河邊，其情人攜金銀過河，讓她等候迎接。男子去而不返，她就一直等在那裡。這時她看見狐狸捉得一鷹，又放下鷹去捉魚，結果鷹飛魚潛，什麼也沒得到。富女人笑話狐狸說：「汝何癡甚！捕兩不得一。」狐狸回答：「我癡尚可，汝癡劇我也。」人如果能經常反躬責己，「見賢思齊焉，見不賢而內自省也。」定會少犯錯誤，少鬧笑話。

昔有愚人，頭上無毛。時有一人，以梨打頭，乃至二三，悉皆傷破。時此愚人默然忍受，不知避去。傍❶人見已，而語之言：「何不避去？乃住受打，致使頭破。」愚人答言：「如彼人者，憍慢恃力❷，癡無智慧。見我頭上無有髮毛，謂為是石，以梨打我頭破乃爾。」傍人語言：「汝自愚癡，云何名彼以為癡也？汝若不癡，為他所打，乃至頭破，不知逃避。」

比丘亦爾，不能具修信戒❸聞慧❹，但整威儀，以招利養❺。如彼愚人，被他打頭，不知避去，乃至傷破，反謂他癡。此比丘者亦復如是。

【注　釋】❶傍　同「旁」。❷憍慢恃力　驕橫傲慢，憑藉自己有力氣。❸具修信戒　全部修持對佛法僧戒的純粹清淨信仰和持守。具，同「俱」。全部。信，對佛法僧三寶的純粹清淨信仰，並以此信為體，破除一切邪見。戒，對佛教戒律的信仰與持守不違。❹聞慧　依見聞經教而生之智慧。指觀諸法空無自性，心安於真實空理的智慧，由此慧可斷除無明，進入聖道。❺利養　供養。一般指用香花和飯食之類供養僧人。

【語　譯】從前有一個愚癡之人，頭上光光的沒長一根頭髮。那時有一個人，用梨子打他的光頭，反復不斷地敲打，把他的頭都打破了。當時那愚癡之人不聲不響地忍受著，不知道避開。旁人見了後對他說：「你為什麼不避開，竟呆在那不動，直到頭被打破呢？」愚癡之人回答說：「像他那種人，驕橫傲慢，就仗著自己力氣大，實際上最愚蠢無知。他看我頭上沒生頭髮，就認為是石頭，用梨子敲打，直至打破我頭。」旁人說：「是你自己愚昧無知，怎麼反說別人？你自己如果不愚癡，怎麼會被打到頭破還不知道躲開呢！」

有些出家僧人也是這樣，他們不能全部修持對佛法僧戒的純粹清淨信仰與持守，不能依見聞經教而生諸法性空智慧，只知修整外表的威儀，用以招徠信眾的供養。這也如同愚癡之人一樣，頭被人打，不知躲避，直至被打破，反說別人愚癡。這類出家僧人所作所為也是這樣啊。

【說 明】「修信戒聞慧」，是初入佛門所修習的基本功課。信指對佛法僧三寶之真心信仰；戒指對佛教戒律的切實遵守，用以純潔行為，莊嚴操守。《菩薩本業經》下載：「若一切眾生，初入三寶海，以信為本；住在佛家，以戒為本。」戒的內容很多，有五戒、八戒、十戒、具足戒等等。聞慧指見聞經教、學習五明（聲明〔音韻學、語文學〕、工巧明、醫方明、因明〔邏輯學、認識論〕、內明〔佛學〕）所得之慧。聞慧為佛家三慧之一，其二為思慧，依思維道理而生之智慧。其三為修慧，依修習禪定而生之智慧。前二慧稱散智，是引發修慧的條件，修慧稱定智，為合乎佛理之正智，具有證理斷惑之功用。聞慧只是入佛門之初步。佛教之慧是引導信徒證悟諸法緣起性空，斷滅一切無明煩惱，進入涅槃境界的最高智慧。「修信戒聞慧」為入道求佛之初階，必須真誠修習，切忌裝腔作勢，追求形式。佛在心中，失去本性之真誠，外表花樣愈多，離佛愈遠。

婦詐稱死喻

【題 解】世上真假難分、虛實莫辨的事物是層出不窮、無窮無盡的，人們難免會上當受騙，這不足為奇。如果受騙後能多方調查求證，識別真偽，接受教訓，以提高處置能力，所謂「吃一塹，長一智」，就會使人變得聰明清醒起來。反之，先入為主，堅持錯誤，頑固到底，即使最直接的事實擺在面前也不肯承認，如故事中的愚人一樣，就無可救藥了。

昔有愚人，其婦端正，情甚愛重。婦無貞信❶，後於中間，共他交往。邪婬❷心盛，欲逐❸傍夫❹，捨離己壻。於是密語一老母言：「我去之後，汝可齎❺一死婦女屍，安著屋中。語我夫言，云我已死。」老母於後，伺其夫主不在之時，以一死屍置其家中。及其夫還，老母語言：「汝婦已死。」夫即往視，信是己婦。哀哭懊惱，大積❻薪油，燒取其骨，以囊盛之，晝夜懷挾。婦於後時，心厭傍夫，便還歸家，語其夫言：「我是汝妻。」夫答之言：「我婦久死，汝是阿誰❼，妄言我婦？」乃至二三，猶故不信。

如彼外道，聞他邪說，心生惑著❽，謂為真實，永不可改。雖聞正教❾，不信受持❿。

【注釋】❶貞信　忠貞守信。❷邪婬　佛教把與配偶以外異性發生性關係稱為邪婬。此指與情夫通姦淫亂。❸逐　追隨。此指跟隨情人私奔。❹傍夫　本夫之外的另一夫，即情夫。傍，通「旁」。有的版本作「旁」。❺齎　送與。❻積　同「積」。❼阿誰　誰。阿，為助詞，用於稱呼、姓名之前，以補足音節，本身無義。此種用法盛行於魏晉之後，現在南方沿海各地仍在襲用。❽惑著　迷惑正理而執著信從外道邪說。❾正教　佛陀的教法。以其契合正理，故稱正教。❿受持　佛教用語。把佛法領受於心，終生持守不忘。

【語　譯】從前有一個愚癡之人，妻子生得美貌標致，兩人感情頗深，十分相愛。可是婦人不能忠貞守信，在以後的共同生活期間，又和別的男人勾搭在一起。婦人淫邪之心愈來愈盛，打算跟情夫私奔，拋棄自己的丈夫。事先她背地對一位老婦人說：「我離去之後，你想辦法弄一具婦人屍體，送到我家放進屋子裡。告訴我丈夫，就說我已經死了。」老婦人在她走後，趁其夫不在家時，把一具女屍放到她家。等其夫回來，老婦人就對他說：「你妻子已經死了。」其夫立刻前去觀看女屍，相信那就是自己的妻子。他悲哀痛哭，悔恨煩惱，準備一大堆乾柴和燃油，把屍體焚化，揀出骨灰用布袋裝好，黑天白日揣在懷中。後來婦人心裡厭倦情夫，就離開他返回家中，對其丈夫說：「我是你的妻子。」其夫回答：「我妻子早已死去，你是誰呀，竟亂說是我妻子？」婦人再三申說，丈夫照舊不相信。

如同那些外道之徒一樣，他們聽了外道的歪理邪說，心內便產生出對正理的迷惑而執著於歪理邪說，認為那才是真理，永遠不可改變。後來雖然聽到佛教正理，也不能真誠相信，領受於心，終生持守不忘。

【說　明】佛教認為佛與眾生的差別即在迷與悟。迷則佛是眾生，悟則眾生是佛，由迷而悟是佛教度人的弘大願心。眾生之迷，或由於相信世俗之理，所謂俗諦，或由於相信外道邪說，必須破除這些先入為主的思想障礙，才能進入佛門，接受佛理，領悟大道。然而破除迷執，獲得開悟是極其艱難的，因為世上與故事中相類的愚人實在太多，使他們放棄原來根深蒂固的思想，接受另一種全新的認識，無異脫胎換骨，重新作人，全部佛教經典乃至佛教活動，可以說都是為實現這一目標。

渴見水喻

【題　解】如故事中那樣愚癡之人，在現實生活中不一定真有，但與之相類似的思維方法卻有相當的普遍性。因為目標高遠，任務巨大，便生畏懼退縮之心，以為反正做不成，何必自討苦吃，白費力氣。正是在這種思想支配下，使原本經過努力實幹可以做成的事，也做不成了。愚公移山之壯舉，雖然當時即為智叟所笑，但此種豪氣與決心，確是推進事業成功最好的精神品質。

過去有人，癡無智慧，極渴須❶水，見熱時焰❷，謂為是水，即便逐走，至新頭河❸。既至河所，對視不飲。傍人語言：「汝患渴逐水，今至水所，何故不飲？」愚人答言：「若可飲盡，我當飲之。此水極多，俱不可盡，是故不飲。」爾時眾人聞其此語，皆大嗤笑❹。

譬如外道，僻取其理❺。以己不能具持佛戒，遂便不受，致使將來無得道分，流轉生死❻。若彼愚人見水不飲，為時所笑，亦復如是。

【注　釋】❶須　通「需」。需要。❷熱時燄　田野上蒸騰的水氣，其形狀動蕩飄忽如火燄，莊子稱其為野馬者也。❸新頭河　印度河。新，又作「辛」。新頭，即印度的古譯音。❹嗤笑　譏笑。❺僻取其理　執著於理之一偏，以偏概全，不顧及全局。❻流轉生死　無休止地在生與死的界域中輪迴流轉，受無窮煩惱痛苦折磨，不得出離。佛教認為，一切眾生，有生以來，受無明煩惱支配，造善業惡業，感生苦樂之果，在地獄、畜牲、餓鬼、阿修羅、人、天六種界域中輪迴轉生，經受痛苦，直到證悟佛理，達於涅槃境界，方得解脫。

【語　譯】從前有一個人，愚昧不通達事理，沒有智謀，他口渴得厲害，特別想喝水，望見田野上飄動的蒸氣，就以為是流水，立刻追逐過去，一直追到印度河。到河邊之後，卻望著河水不喝。旁邊的人問他：「你苦於口渴而尋水，現在到了水邊，為什麼又不喝了呢？」愚人回答說：「如果我能把水喝光，我就去喝。這裡的水太多了，不能一次全喝完，所以就不喝了。」當時眾人聽了他的話，都大大嘲笑他一番。

這就如同那些外道之徒一樣，他們執著於理之一偏而不顧全局。以自己不能持守全部佛教戒律，而不肯接受佛法，致使其將來失去得道的緣分，陷在生與死的界域中輪迴流轉。就像那個愚癡之人，見水多而不飲，為時人所譏笑，也是如此呀。

【說　明】佛教濟世度人，是有次第的，並不是要求所有信眾都完成佛門的全部功課，達到最高境界。如小乘佛教修成阿羅漢果，要經過四個階段，要由低至高循序而進。大乘佛教修成菩薩和佛，更需累世修行，才能達到。這就是說佛教所立的目標是高遠的，但高遠目標要由腳下做起，修得一分即受益一分，哪怕只聽聽佛法，念誦一句阿彌陀佛、菩薩保佑，亦可受益。切不可因目標高遠，自度無力達到，便自絕其外。古語說「下學而上達」，只要從力所能及之事做起，不斷做下去，終有達到目的之日。

子死欲停置家中喻

【題　解】為了送往墓地之方便，竟然再殺一子，湊成一擔，這樣的人世上當然不會真有，但這個笑話卻會使人生發諸多聯想。不同人會有不同感悟，獲得不同啟示。我的想法是人不可為固有的思維定式所束縛。一事當前，如何處治，不能只襲用前人想法和作法，要解放思想，創造性地提出符合實際行之有效的新方案，才會取得預想的成功。如果只會仿效前人，亦步亦趨，不懂變通，往往會失敗，甚至鬧出類似故事中愚人的笑話來。

昔有愚人，養育七子，一子先死。時此愚人見子既死，便欲停置於其家中，自欲棄去。傍人見已，而語之言：「生死道異❶，當速莊嚴❷，致於遠處而殯葬之。云何得留，自欲棄去？」爾時愚人聞此語已，即自思念：「若不得留，要當葬者，須更殺一子，停擔兩頭，乃可勝致❸。」於是便更殺其一子，而擔負之，遠葬林野。時人見之，深生嗤笑，怪未曾有。

譬如比丘私犯一戒，情憚改悔，默然覆藏❹，自說清淨❺。或有智者即語之言：「出家之人，守持禁戒，如護明珠，不使缺落。汝今云何違犯所受，欲不懺悔？」犯戒者言：「苟須懺者，更就犯之，然後當出❻。」遂便破戒，多作不善，爾乃頓出❼。如彼愚人，一子既死，又殺一子。今此比丘亦復如是。

【注　釋】❶生死道異　處理活人和死人的方法是不一樣的。道，方法；道理。❷莊嚴　端莊嚴肅。此指為死者潔身整容、著裝、佩帶飾物。❸勝致　有能力承擔起送達目的之任。指勝任把死者送達墓地之任務。❹默然覆藏　默默無聲地把過錯隱藏起來。❺清淨　一切思想言行都合乎佛法，無絲毫違背。❻出　出罪。指在佛前說出自己的過失。比丘犯了罪，在佛前懺悔之後，方可復回教團中。❼頓出　一下子說出所有犯罪。

【語　譯】從前有一個愚癡之人，養育了七個兒子，其中一個先死了。當時這個愚癡之人見兒子已死，就想把他的屍身停放在家裡，自己離家出走。旁人見了後對他說：「處置活人和死人的方法是不同的，你應當盡快為死者整容著裝、佩帶飾物，運送到遠處去安葬。怎麼可以把他停放家中，自己反而離去呢？」當時愚癡之人聽了這番話後，自己就想：「如果不能把死者留在家中，一定要安葬在外的話，就必須再殺一個兒子，把他們分放擔子兩端，這樣才可以挑著送達墓地。」於是他又殺死一子，挑著他們到遠處野地樹林裡安葬了。當時人見了，都深深地譏笑他，奇怪這種未曾有過的事。

這就好比出家修佛的僧人，私下違犯了一條戒律，心中沒有勇氣懺悔改正，就不聲不響地把罪過掩藏起來，自稱一切言行都合乎佛法，乾乾淨淨無過失。有一位智者對他說：「出家之人，應當守護和遵行佛所制定的戒律，就像愛護明珠一樣，不使它破損和失落。你現在為什麼違犯受持的戒律，還不想懺悔改正呢？」犯戒的比丘回答說：「如果必須懺悔的話，就等我再犯戒律，然後再在佛前一併說出全部罪過。」接著他又違犯戒律，做了許多不善之事，才肯一併說出來。就像那個愚癡之人，一個兒子死了，又殺一個兒子一樣。現在這位出家修佛的僧人也是如此呀。

【說　明】故事後半段的類比推論，是以比丘犯一戒不肯向佛說出，想等再犯後一併說出，結果連續破戒，做了許多壞事而不可收拾。告誡人們小過不注意改正，會不斷積成大罪，乃至身敗名裂，悔之已晚。此種引申與故事寓意雖不甚貼切，卻有廣泛的教益。

認人為兄喻

【題解】有一首歌中唱道：「不管是東南風還是西北風，都是我的歌，我的歌。」拋開這首歌的整體意義，只取這一句來諷刺那些沒有立場和信念，隨風轉舵、翻雲覆雨的投機者不是很貼切麼。這種人處處為一己私利打算，全不顧道義和廉恥，雖一時僥倖得逞，最終難免真相敗露，為眾人所不齒。如此愚人所為，終成眾人之笑柄。再說一點是此人之愚就在對自己自私自利行為不加掩飾，而現實生活中的小人就不會這麼天真可愛了，他們會作出種種偽裝，使人難於識別，這樣的人就更加可厭可惡，更需警惕，但他們同樣不會有好下場。

昔有一人，形容端正，智慧具足❶，復多錢財，舉世❷人間無不稱歎❸。時有愚人，見其如此，便言我兄。所以爾者，彼有錢財，須者則用之，是故為兄。見其還債，言非我兄。傍人語言：「汝是愚人，云何須財，名他為兄；及其債時，復言非兄？」愚人答言：「我以欲得彼之錢財，認之為兄，實非是兄。若其債時，則稱非兄。」人聞此語，無不笑之。

猶彼外道，聞佛善語，盜竊而用，以為己有。乃至傍人，教使修行，不肯修行，而作是言：「為利養故，取彼佛語，化導眾生，而無實事，云何修行。」猶向愚人，為得財故，言是我兄；及其債時，復言非兄。此亦如是。

【注釋】❶具足　完滿；齊備。具，同「俱」。都、皆，表示完滿，無缺失遺漏。❷舉世　全世間。舉，皆；全。❸稱歎　稱讚、讚頌之意。

【語譯】從前有一個人，容貌端正，具備多方面聰明才智，又很有錢，世間所有人無不稱讚他。那時有一個愚癡之人，見其如此，就說這人是我哥哥。他所以要這樣說，就因為那人富有錢財，自己需要時可以取來使用，因此稱其為哥哥；後來見那人償還欠債，就說不是我哥哥。旁人對他說：「你是個愚癡之人啊，為什麼需要錢的時候稱他哥哥；等到他負債時，又說不是哥哥了？」愚人回答說：「我因為想得到他的錢財，才認他為哥哥，實際上他不是我哥哥。所以等他負債時，就說他不是我哥哥了。」人們聽了這話，沒有不恥笑他的。

這就像那些外道之徒一樣，他們聽了佛陀講法之善語，就竊取過來加以運用，並說是自己創造的。等到有人請他按佛法修行，他卻不肯修行，並這樣說：「為取得供養，才把佛陀之語拿過來，用以教導開化眾生，自己並未照著去做，又如何修行啊。」這就如同那個愚人，為得到錢財，稱某人是我哥哥；等到那人負債時，又說不是我哥哥。他們都是一樣的。

山羌偷官庫衣喻

【題　解】國王揭穿騙子的手法很機智，一下子就擊中要害，使其原形畢露，無從辯駁。它啟示我們，制服騙子，不能靠恐嚇和體罰，而是靠機敏的頭腦、細緻的調查、準確的判斷和有效的手段，找出確鑿有力的證據，才能堵塞其狡辯之路，使其認罪服法。

過去之世，有一山羌❶。偷王庫物，而遠逃走。爾時國王，遣人四出推尋❷，捕得，將至王邊。王即責其所得衣處。山羌答言：「我衣乃是祖父之物。」王遣著衣。實非山羌本所有，故不知著之。應在手者著於腳上，應在腰者返著頭上。王見賊已，集諸臣等，共詳此事，而語之言：「若是汝之祖父已來所有衣者，應當解著，云何顛倒，用上為下？以不解故，定知汝衣必是偷得，非汝舊物。」

借以為譬：王者如佛，寶藏如法❸，愚癡羌者猶如外道。竊聽佛法，著己法中，以為自有。然不解故❹，布置佛法，迷亂上下，不知法相❺。如彼山羌得王寶衣，不識次第，顛倒而著，亦復如是。

【注　釋】❶山羌　山民。羌，古族名。分布在今甘、青、川一帶，最早見於甲骨文中，殷周時部分雜居中原，後分散為許多部落，以游牧為主。此山羌當泛指山民。南北朝時羌民多在西部山區居處，當時來中國的印度僧人把羌民與山民混同，以此互譯。❷推尋　查問尋找。❸寶藏如法　國王府庫中所藏財物好比佛法。❹故　故舊。指佛教故有之原理和修行戒律、次第等項。❺法相　諸法所顯現之現象。這是與法性對言之涵義。但對法相的認知還不止此，要領悟現象是緣起性空的，不可執著，才是真知法相。

【語　譯】過去某朝代，有一山民偷了國王府庫中的衣物，然後逃往遠方。這時國王派人四出查問尋找，把他抓住，送到國王處。國王責問他衣物是從什麼地方得到的。山民回答：「我的衣物是祖父留下來的。」國王命他把衣服穿上。因為衣服本不是山民所有，所以不知道如何穿戴。應該戴在手上的穿在腳上，應該繫在腰間的纏到頭上。國王見小偷穿戴完畢，就召集諸位大臣，一同商量此事。國王對山民說：「如果這些衣物真是你祖父留傳下來的，你該知道怎樣穿戴，為什麼穿顛倒了，把應該穿戴在上面的穿到下面去了？你不知道如何穿著，即可確定你的衣物必是偷來的，不是你祖父的舊物。」

借這個故事作譬喻：國王比作佛，府庫中寶藏比作佛法，愚癡山民比作外道之徒。外道之徒竊聽佛法，將其放到自己的宗教理論中，作為己有。然而他不懂佛法原理和修行戒律、次第，在安排佛法修行次第時，混亂了上下先後，也不知諸法所顯現象乃緣起性空之理。如同那位山民，偷得國王寶衣，不知穿著次第，而上下顛倒一樣，那些外道之徒也是如此呀。

【說　明】法相一詞為佛學重要用語，指諸法之相狀，亦即色法、心法等所呈現之現象，包括物質現象、精神現象等等。這是從現象層面解釋法，與從精神層面解釋法的法性是相互補充的一對範疇。但是認識法相本義，僅僅達到現象層面是不夠的，還要進而領悟現象是緣起的，時時生滅的，無自性的，達到這樣的認識，才會破除我法二執，領悟諸法緣起性空之理，而臻於悟境。外道之徒只知法相一詞的現象層面意義，不了解其本質，所以說他們不知法相。

歎父德行喻

【題　解】言過其實的吹捧，在日常生活中是屢見不鮮的，也是令人厭惡的。可是，吹捧者與被吹捧者卻常常感覺良好，吹捧者由此贏得被吹捧者的歡心而達到私利的滿足，被吹捧者也在一片讚美聲中如騰雲駕霧，十分受用。老子說：「知人者智，自知者明。」人貴有自知之明，要時時警惕自己，不可被不實的讚美詞弄昏頭腦，自我膨脹，忘乎所以，那是十分有害、十分危險的。

昔時有人，於眾人中，歎己父德，而作是言：「我父慈仁，不害不盜，直作實語，兼行布施。」時有愚人，聞其此語，便作是言：「我父德行復過汝父。」諸人問言：「有何德行，請道其事。」愚人答曰：「我父小來斷絕婬欲，初無染汙❶。」眾人語言：「若斷婬欲，云何生汝？」深為時人之所怪笑。

猶如世間無智之流，欲讚人德，不識其實，反致毀呰❷。如彼愚者，意好歎父，言成過失，此亦如是。

【注釋】❶染汙　沾汙。此指男女間的性行為。❷毀呰　詆毀；誹謗。呰，同「訾」。非議、指責之意。

【語譯】從前有個人，在眾人當中讚譽自己父親的德行，他這樣說道：「我父親慈祥仁愛，不害人、不偷竊，只講老實話，還能把財物施捨給窮人。」那時有一位愚癡之人，聽了這番話後便這樣說：「我父親的德行，還要高過你的父親。」眾人問道：「有什麼德行，請說說他的事跡。」愚癡之人回答說：「我父親從小就斷絕男女淫欲，從未和女人有過性行為。」眾人對他說：「如果你父親斷絕男女淫欲，怎麼能生出你來呢？」這人深為當時人所嘲笑。

就像世上那些無知之徒，想讚美別人之德行，又不知其美德之實情，結果讚美反成了詆毀。如同那個愚癡之人，好心讚美父親，話說過了頭反成了過失，也是如此呀。

三重樓喻

【題　解】不要下面二層，只要上面第三層的空中樓閣，這種蠢人也許不會有，但這個笑話給我們的啟發卻是深刻的。有些人看到別人歌唱得好，球打得好，文章寫得好等等，心裡產生羨慕，又不肯刻苦努力去練，只想偷機取巧，走捷徑，想用輕鬆、快捷的方法得到同樣的成功。這樣的人，這樣的想法恐怕不在少數，實質上他們的錯誤不是與那愚癡的富人十分類似嗎？須知本固方能枝榮，沙上築塔是不會長久的，通過踏實努力，從艱難困苦中獲得的成功，才是可靠的、穩固長久的。

往昔之世，有富愚人，癡無所知。到餘富家，見三重樓，高廣嚴麗❶，軒敞疏朗❷，心生渴仰❸，即作是念：「我有財錢，不減於彼，云何頃來而不造作如是之樓？」即喚木匠而問言曰：「解作彼家端正舍不？」木匠答言：「是我所作。」即便語言：「今可為我造樓如彼。」是時木匠即便經地❹壘墼❺作樓。愚人見其壘墼作舍，猶懷疑惑，不能了知，而問之言：「欲作何等？」木匠答言：「作三重屋。」愚人復言：「我不欲下二重之屋。先可為我作最上屋。」木匠答言：「無有是事。何有不作最下重屋，而得造彼第一之屋？不造第二，云何得造第三重屋？」愚人固言：「我今不用下二重屋，必可為我作最上者。」時人聞已，便生怪笑，咸作此言：「何有不造下第一屋而得上者？」

譬如世尊四輩弟子❻，不能精勤修敬三寶，懶惰懈怠，欲求道果❼，而作是言：「我今不用餘下三果，唯求得彼阿羅漢果❽。」亦為時人之所嗤笑，如彼愚者等無有異。

【注釋】❶高廣嚴麗　高大寬廣，端正華麗。❷軒敞疏朗　開闊寬敞，舒展明亮。❸渴仰　特別仰慕。❹經地　測量地基，作好標誌線。❺壘墼　在修整好的地基上壘磚。墼，又稱瓴甓，即磚也。又，未燒之磚坯亦稱墼，此當為前義，因未燒的土坯用作樓基不能堅固耐久。❻世尊四輩弟子　世尊，為世間所尊重的人，是對佛陀的一種尊稱。四輩弟子，又稱四眾，指四種佛教徒，即比丘、比丘尼、優婆塞、優婆夷。前二種為受具足戒而出家修行的男女僧人；後二者為守習五戒，在家修行的佛教徒。❼道果　遵照佛法漸次修行，達到證悟涅槃境界，為得道果。果，果位，即境界、境地也。❽阿羅漢果　修行到阿羅漢境地。小乘佛教聲聞弟子所達到的最高境界，至此可以斷盡三界的一切煩惱。

【語　譯】過去某個朝代，有一位富有而愚癡之人，愚昧不通事理。他到另一位有錢人家去，見到一座三層樓房，高大寬廣，端正華麗，開闊舒展又明亮，心裡非常仰慕，他想：「我所擁有的錢財不比他少，為什麼以前不建造一座像他家這樣的樓房呢？」他立刻喊來木匠問道：「知道怎樣建造像他家那樣端正的樓房嗎？」木匠回答說：「那樓房就是我建造的。」富人立即對木匠說：「現在就為我建造一座像他家那樣的樓房。」當時木匠就開始測量地基做標誌線，在修整好的地基上壘磚建樓基。愚癡的富人見木匠在地上壘磚建樓，心中產生疑惑，不能了解，就問道：「你打算做什麼？」木匠回答：「為你修建三層樓。」愚癡的富人說：「我不想要下面二層，可先為我造第三層。」木匠回答說：「沒有這樣的事情。哪有不造最下層而可以造它上面一層的？不造第二層，怎麼能造第三層呢？」富人固執地說：「現在我不用下面二層，一定要給我建造出最上面一層。」當時人聽了後，都感到奇怪而笑話他，都說：「哪有不造下面一層而可以造它上面一層的道理呢？」

就好比佛陀的四眾弟子，他們中有人不能精心勤勉修持禮敬佛法僧三寶，又懶惰又懈怠，卻想要達到證悟涅槃的高境界，而這樣說道：「我現在不用聲聞弟子四果位的前三果位，只想求得最高的阿羅漢果。」這種想法也為當時人所嘲笑，和那位愚癡富人一樣。

【說　明】小乘佛教聲聞弟子修行佛法要經歷四個階段，稱四果位，就是須陀洹果、斯陀含果、阿那含果、阿羅漢果。須陀洹果意譯為預流果、入流果；指凡夫初入聖道之流，不再執著於生死。

斯陀含果，意譯一來果，指尚須往來欲界之人或天受生一次之意。修行至此果位，已斷滅九種煩惱的前六種，須再度受生欲界一次，乃得覺悟，故稱一來果。阿納含果，意譯不還果，至此已斷滅欲界全部煩惱，不須再來欲界受生，而受生於色界、無色界，故稱不還果。阿羅漢果為小乘佛教聲聞弟子之最高果位，至此已斷滅三界一切煩惱而證得涅槃。修行須漸進，不可以越級躐等，不經前面三果位，不可能直達阿羅漢果。

婆羅門殺子喻

【題　解】古今中外欺世盜名者的騙術花樣翻新，層出不窮，只是通過殺子以神其說的極端殘忍狠毒者，尚不多見。那些聲名顯赫的大師們周圍，總少不了形形色色的抬轎者，通過這些人的筆和口，才使大師們成了「神仙」。他們精心設計種種圈套，使人上當受騙而不知，還成了騙子的義務推銷員。對此類超驗之說，千萬要謹慎，不可人云亦云，盲目信從，那會把你引入非理性的超驗世界，使你深陷其中，不能自拔。二千多年前的先哲孔子提倡「不語怪力亂神」，「敬鬼神而遠之」，這種平實而理性的客觀態度，冷靜思考，是值得今人重視和借鑑的。

昔有婆羅門❶，自謂多知，於諸星術❷，種種技藝，無不明達。恃己如此，欲顯其德❸，遂至他國，抱兒而哭。有人問婆羅門言：「汝何故哭？」婆羅門言：「今此小兒七日當死，愍其夭殤❹，以是哭耳。」時人語言：「人命難知，計算喜錯❺。設七日頭或能不死，何為預哭？」婆羅門言：「日月可闇，星宿可落，我之所記❻，終無違失。」為名利故，至七日頭，自殺其子，以證己說。時諸世人，卻後七日，聞其兒死，咸皆歎言：「真是智者，所言不錯。」心生信服，悉來致敬。

猶如佛之四輩弟子，為利養故，自稱得道。有愚人法❼，殺善男子❽，詐現慈德，故使將來受苦無窮。如婆羅門為驗己言，殺子惑世。

【注　釋】❶婆羅門　梵文音譯，意譯為淨行、淨志。古印度四種姓之最上等級，自稱梵天大神的後裔，世代以祭祀、誦經、傳教為專業，壟斷知識，享有特權，為社會精神生活的統治者。因與佛教信仰不同，在佛經故事中常常成為被嘲諷的對象。❷星術　古代用星象變化占驗吉凶的方術。❸德　得也，指其所具之本領、技藝之類。❹愍其夭殤　哀痛他未成年而死去。愍，可憐、哀痛之意。夭殤，未成年而死去。據《儀禮・喪服》載，十九歲以下死亡稱殤，按年齡大小分長殤、中殤、下殤、無服之殤四等。❺喜錯　容易出錯。❻記　占驗的記錄。指此婆羅門運用自己掌握的星術技藝對小兒壽命作出的占驗記錄。❼愚人法　愚法；假法。指小乘佛教說一切有部之徒，未能參悟大乘真諦，只知我空法有，不了解諸法本性亦空，而對外境產生執著之心，由之偏向出世法。這種理論會敗壞佛法聲譽，動搖在家修佛信徒對佛教的信仰。❽殺善男子　敗壞在家修佛者對佛教的信仰。殺，敗壞；破壞。善男子，有德行的男子，在家修佛者。

【語　譯】從前有一位婆羅門，自稱知識廣博，對星象占驗之術和諸種技藝，無不精通。他自以為很了不起，想顯示一下本領，就來到別的國家，在那裡抱著兒子哭泣起來。有人問他：「你為什麼哭呀？」婆羅門回答：「我這小兒子七天後就要死去，可憐他未成年就夭折，因此哭泣。」有人勸他說：「人的壽命難以預知，占驗也容易出錯。七天後或許不死，何必預先哀哭呢？」婆羅門回答說：「日月可以變黑暗，星辰可以墜落，我作出的占驗，從來不會有錯。」為了保全自己的名利，到第七天頭上，婆羅門自己把兒子殺死，用來證明其說法的正確。當時的許多人，七天之後聽說他兒子真死了，都感歎說：「真是一位智者，所說的話一點不錯。」從心裡生出信服，都來向他表示敬佩。

就像佛的四輩弟子，他們當中有人為了多得供養，就自稱得道。用假佛法敗壞在家信佛弟子對佛教的信仰，裝出慈悲的樣子騙人，因此而使自己將來遭受無窮痛苦。如同這位婆羅門，為了驗正己說，竟殺了自己兒子，以迷惑世人。

煮黑石蜜漿喻

【題　解】揚湯止沸不如釜底抽薪。人們不管做什麼事情，一定要透過表象，抓住本質，牢牢牽住牛鼻子，才能綱舉目張，事半功倍。如果只做表面文章，隔靴搔癢，看樣子熱熱鬧鬧，好像挺賣力氣，卻無實際價值，如此愚人所為相類。

昔有愚人煮黑石蜜❶，有一富人來至其家。時此愚人便作是念：「我今當取黑石蜜漿，與此富人。」即著少水，用置火中，即於火上，以扇扇之，望得使冷。傍人語言：「下不止火，扇之不已，云何得冷？」爾時眾人悉皆嗤笑。

其猶外道，不滅煩惱熾然之火，少作苦行，臥棘刺上，五熱炙身❷，而望清涼寂靜之道，終無是處，徒為智者之所怪笑。受苦現在，殃流來劫❸。

【注釋】❶石蜜　用甘蔗汁熬製而成的糖塊。因其堅硬如石，故稱石蜜。又因蔗汁未經過濾，凝結之糖塊色暗，稱黑石蜜。❷五熱炙身　外道修煉的一種苦行。指用火炙烤左右膝、左右手和頭部。❸殃流來劫　災禍流轉到將來極長時間。劫，又作劫波，梵文音譯，意譯為大時，為表示時間極長久單位，常以萬年計。印度佛教認為，宇宙生滅一次，經成住壞滅四階段，稱為一劫，成住壞滅四段亦稱四劫。又有大劫、中劫、小劫之別。

【語譯】從前有一個愚癡之人，在家裡熬製黑石蜜，有位富人來他家作客。那愚癡之人就想：「我現在應該盛一杯黑石蜜漿給這富人吃。」於是他放少許水在煮石蜜的鍋內，然後把鍋放到火上煮，又用扇子對熱糖漿搧風，希望它變涼。旁邊的人說：「不把下面的火熄滅，即使一刻不停地搧風，又怎麼能使糖漿變涼呢？」當時大家都嗤笑他。

這就好比那些外道之徒，不去滅掉熾烈燃燒的煩惱之火，只是稍修一些苦行，在荊棘上面躺臥，用火炙烤身體，希望由此獲得清涼寂靜的大道，終究是不可能的，徒然為智者所笑罷了。不但現在受苦，還會使災禍流轉到極長遠的後世。

【說 明】苦行指通過壓抑情欲、摧殘肉體等自虐方式，使精神和肉體經受種種苦楚，以此來平衡以往積下之惡業，達到精神解脫的修行方法。在佛教產生之前，印度的其他修道者（外道），多採取類似的修行方法。其自虐方式有許多種，如自餓、投淵、赴火、自墜、寂寞、裸形、臥棘上、臥板上、臥塚間、臥蟻垤內、用沙土煙塵塗灑身面、不梳頭洗臉、拔髮、拔髫鬚等等。佛祖釋迦在創教前也曾虔修苦行，六年後覺無所得而捨棄。

佛教認為一切皆苦，人即生活在無邊的苦海中，苦之根源是迷執，即不了解佛教四諦學說和緣起理論。如人生無常，終歸要死滅，人卻要追求常；人為五蘊和合而成，無自性，無自體，人卻相信我是永恆實體而常有，等等。只有悟得佛理，才能除去迷執，從苦海中解脫出來。悟是對佛理的認知和證悟，使其與主體合一，而外道的種種苦行，是外在的消滅人的情欲，無助於消除對自我和外境的迷執，也就不能滅掉苦之根源，也就不能得到解脫。光是揚湯止沸，而不釜底抽薪，是不能從根本上解決問題的。

說人喜瞋喻

【題解】聞過則喜、擇善而從之類古老格言，人們可以記誦多條，但真正實踐起來，並不容易。究其根源，我以為主要有二，一是對自己的過失錯誤尚未認識，不以為錯，也就無從改起，這是任何人都難避免的，所謂「人非聖賢，孰能無過」，隨著實踐的展開和認識的深入，這類錯誤將不斷被克服。二是固執錯誤，諱疾忌醫，害怕別人揭短，甚而用掩耳盜鈴方法否認錯誤，進而對說出己過者怨恨、報復，如本故事中的主角一樣，這是最為有害的。

過去有人，共多人眾坐於屋中，歎一外人德行極好，唯有二過：一者喜瞋❶，二者作事倉卒❷。爾時此人過在門外，聞作是語，便生瞋恚❸，即入其屋，擒彼道己過惡之人，以手打撲。傍人問言：「何故打也？」其人答言：「我曾何時喜瞋倉卒？而此人者，道我恆喜瞋恚，作事倉卒，是故打之。」傍人語言：「汝今喜瞋倉卒之相，即時現驗，云何諱❹之？」人說過惡而起怨責，深為眾人怪其愚惑。

譬如世間飲酒之夫，耽荒❺酗酒，作諸放逸，見人訶責，返生尤嫉❻。若引證佐，用自明白。若此愚人，諱聞己過，見他道說，返欲打撲之。

【注　釋】❶瞋　同「嗔」。怒；發怒。❷倉卒　匆促；急遽。卒，同「猝」。倉促；匆促。形容時間很短促。❸恚　怨恨。❹諱　隱瞞；避諱。❺耽荒　沉迷。耽，沉溺。荒，迷亂。❻尤嫉　責怪憎恨。

【語　譯】從前有一個人，和許多人一同坐在屋子裡，讚歎另外一人道德品行都很好，只有兩條缺點：一是好發火，二是做事莽撞。當時這人剛好從門外走過，聽到有人這樣說他，便怒不可遏，立刻衝進屋中，抓住那位說自己過失的人，用手將其打倒在地。旁邊的人問他：「為什麼打這個人？」他回答說：「我什麼時候好發火、做事莽撞了？這人說我常好發火、做事莽撞，所以打他。」旁邊人說：「你好發火、做事莽撞之相，現在就得到驗證了，何必還要隱諱呢？」聽有人說自己過失馬上怨恨指責，這種行為，深深為眾人所責怪。

這就好比世上那些嗜酒之徒，無節制地沉迷於飲酒，作出種種放蕩越軌行為，碰見有人呵責，反而產生怨恨之心。他們還援引種種理由，用來證明自己無過失。就像這位愚癡之人，忌聽己過，遇人說出，反而要把人打倒一樣。

殺商主祀天喻

【題解】貪圖眼前的局部小利，喪失長遠的全局大利，這是人們很容易犯的錯誤。為成就大事業，達成大目標，不能不放棄一些小利。豐厚的回報是和無私的奉獻連在一起的，連魚餌都吝嗇的人，怎麼能釣到大魚呢。古人云：「見小利則大事不成」（《論語・子路》），「不去小利，則大利不得」（《呂氏春秋・慎大覽》）。這些古訓闡發的精義，與本篇故事之寓意正合，可引為鑑戒。

昔有賈客，欲入大海。入大海之法，要須導師，然後可去。即共求覓得一導師。既得之已，相將發引。至曠野中，有一天祠❶，當須人祀❷，然後得過。於是眾賈共思量言：「我等伴黨，盡是親屬，如何可殺。唯此導師，中❸用祀天。」即殺導師，以用祭祀。祀天已竟，迷失道路，不知所趣，窮困死盡。

一切世人，亦復如是。欲入法海❹，取其珍寶，當修善行❺，以為導師。毀破善行，生死曠路，永無出期。經歷三塗❻，受苦長遠。如彼商賈，將入大海，殺其導者，迷失津濟❼，終致困死。

【注　釋】❶天祠　祭祀天神的場地、祭壇之類。❷人祀　殺人為犧牲，用作祭祀。此種習俗在中國上古亦有，春秋時代尚有遺存。如《左傳》僖公十九年記載，宋襄公殺鄫子祭祀睢水之神，受到司馬子魚批判之事，可作一例。❸中　適合；合用。❹法海　形容佛法廣大無邊、深奧難測，如同大海。❺善行　善的行為。指持守佛教五戒、十善之行為。五戒為不殺生、不偷盜、不邪淫、不妄語、不飲酒。十善除五戒前四條外，另有不兩舌、不惡口、不綺語、不貪欲、不瞋恚、不邪見六條，共十條。❻三塗　又作三途，六道輪迴中三種險惡界域，即地獄、餓鬼、畜牲三惡道。地獄是火途，經此要受烈火焚身之報。餓鬼是刀途，經此受刀杖相加之報。畜牲是血途，經此受獸畜吞食之報。❼津濟　渡口。

【語　譯】從前有一伙商販，想到海上去作買賣。要到海上去，必須得有嚮導引領，然後才可以去。於是大家都去尋找，終於找到一位嚮導。得到嚮導後，他們就相隨出發了。來到曠野中，那裡有一祭祀天神的祭壇，必須殺活人用作祭品，然後才能通過。於是眾商販一同商量說：「我們幾位相攜之同伴，都是親戚朋友，怎麼可以殺掉呢，只有這位嚮導適合殺死祭天神。」於是就把嚮導殺死，用來祭天神。祭祀完天神，他們便迷失道路，不知往哪裡走，結果都被困死途中了。

一些世間之人也是這樣。他們要到廣大深奧的佛法之海中求取珍寶，應該勤修善行，以之為引路的嚮導。如果毀掉善行，就會陷入生死輪迴的漫漫長路，永遠沒有解脫之期。要經歷地獄、餓鬼、畜牲三惡途，遭受漫長無期的痛苦。就像那群商販，想入大海，卻先殺死領路人，結果迷失渡口，最終全被困死。

【說　明】本篇故事，就行文來看，似乎是靠鄉導尋找入海的渡口。如前段說，殺了鄉導之後，這些人「迷失道路，不知所趣」，道路當為陸地上之路。後段說：「將入大海，殺其導者，迷失津濟，終致困死。」是在入海前找不到渡口，被困而死，亦在陸地上。但是，按常理推之，導者當為領航員之類，負責引領海上航行的。陸地上的入海渡口（津濟）應該比較容易尋找，何以會因找不到渡口而被困死，有些費解。姑存疑於此，以待釋。

醫與王女藥令卒長大喻

【題　解】事物的成長都要有個過程。幼苗長成大樹，嬰兒長成大人，文盲變成學者，生手變成專家，都不能一蹴而就，一下子完成，都要經歷量的積累到質的變化過程。違背這個規律，急於求成，必定要失敗。或如這位愚蠢的國王，受騙上當而不覺，給人留下笑料。不過，我們在笑過之後，更要深思，品味個中滋味，吸取有益的教訓。

昔有國王，產生一女，喚醫語言：「為我與藥，立使長大。」醫師答言：「我與良藥，能使即大。但今卒無❶，方須求索。比得藥頃❷，王要莫看。待與藥已，然後示王。」於是即便遠方取藥。經十二年，得藥來還，與女令服，將示於王。王見歡喜，即自念言：「實是良醫，與我女藥，能令卒長。」便勅❸左右，賜以珍寶。時諸人等笑王無智，不曉籌量❹生來年月，見其長大，謂是藥力。

世人亦爾。詣❺善知識❻而啟❼之言：「我欲求道，願見教授，使我立得。」善知識師以方便❽故，教令坐禪❾，觀❿十二緣起⓫，漸積眾德，獲阿羅漢。倍踊躍歡喜，而作是言：「快哉！大師速能令我證最妙法⓬。」

【注釋】❶卒無　倉卒之間還沒有得到這種藥。❷頃　少時；短時。❸勅　命令。❹籌量　計算。❺詣　往；到。❻善知識　佛教用語。指聽聞佛教正法，知識廣博，智能出眾的人。《釋氏要覽》上〈稱謂・善知識〉引《摩訶般若經》：「能說空、無相、無作、無生、無滅法及一切種智，令人心入歡喜信樂，是名善知識。」❼啟　陳述；告訴。❽方便　因人施教，引導眾生破除愚癡、領悟佛理的種種機動靈活方式、方法。❾坐禪　以靜坐的方式修習禪定。方法是把腿盤曲，兩足交疊而坐，使心專注一境不散亂，以體悟佛教真理，是佛教修行的基本功夫之一，釋迦也曾在菩提樹下端坐靜思，修習禪定而悟道。❿觀　用般若智慧觀照佛理和世界，使其真實地顯現出來。這是通過澄心靜慮的冥想，使心與外境冥合的直覺證悟。⓫十二緣起　又稱十二因緣、十二有支，是用佛教緣起學說解說人生痛苦的根源和如何解脫痛苦的理論，由十二個因果系列組成，即無明、行、識、名色、六處、觸、受、愛、取、有、生、老死。⓬證最妙法　證悟最精深微妙的佛法。證，證悟。此與大家熟知的認知途徑完全不同，不是通過主體之感覺、思維去把握對象世界，也不需要名言概念和邏輯演繹，而是通過直覺冥想達到佛理與主觀精神的完全契合。妙法，精妙的佛教正法，不能用言語表達，只能靠心來領悟，以心傳心。

【語　譯】從前有一位國王，生了一個女兒，他把醫生叫來說：「替我給她服下一種藥，使她立刻長成大人。」醫生回答說：「我可以給她服一種良藥，能使她立刻長大。但現在倉卒之間還沒有這種藥，正要去尋找。在得到良藥之前這段時間，請國王不要去看女兒，等我給她服藥完畢，再讓國王看她。」於是醫生就到遠方去求取良藥。經過十二年，得良藥回來，給國王的女兒服下去，帶她去見國王。國王見了很高興，他心裡想道：「真是一位良醫呀，給我女兒服藥之後，能使她立刻長大。」便命令左右隨行官員，賞賜醫生許多珍寶。當時許多人都笑國王愚昧無知，不懂得計算女兒出生年月，見到其已經長大了，竟認為是藥力所致。

世上之人也是這樣啊。他們到善知識那裡陳述說：「我想求得大道，希望得到您的教導，使我馬上就能得道。」善知識就用因人施教的靈活方式，教他靜坐修習禪定，用般若智慧觀照十二因緣說，漸漸積累眾多德行，最終達到阿羅漢果位。這個人倍加歡欣鼓舞，他說：「快捷呀！大師能使我快速證悟最精深微妙佛法。」

【說　明】十二緣起，通稱十二因緣，是由十二組因果條件組成的一個系列，用以解釋人生過程一切痛苦和煩惱的根源，是佛祖釋迦悟道的重要內容之一。十二因緣的集中表述為：「所謂無明緣行，行緣識，識緣名色，名色緣六處，六處緣觸，觸緣受，受緣愛，愛緣取，取緣有，有緣生，生緣老死。」（《緣起經》）緣即原因、條件之意，「無明緣行」，是說因無明而有行，無明是生出行的原因、條件。餘類此。十二因緣用緣起說分析人生的生滅變化過程，把生命過程歸結為過去、現在、未來三世，十二個因果條件組成，因果間相互聯接，相互作用，其序列是：

無明（愚癡，主要指對佛理，特別是對四諦說、緣起說的愚昧無知）、行（由無明引起之善與不善行為）、識（托胎時之心識，及精神意識對外境的分別作用）、名色（名指心、精神，色指肉體、物質。此指胎兒身心得到發育，尚未完備狀態）、六處（胎兒發育完成，具有眼耳鼻舌身心六種認知功能）、觸（出生後感官與外境接觸）、受（由接觸而生之苦樂感受等）、愛（對樂事之喜愛、貪愛和佔有欲）、取（由貪愛外境色聲香味觸而生之執著追求）、有（由執著追求而起之思想、行為所造之善業、惡業等，即生命存在狀態）、生（出生，指來世之再生）、老死（衰老、死亡）。

十二因緣展示有情眾生或人類生命流轉的過程，其中無明、識、有是極重要環節，具有極重要意義。因為無明是這一序列的起點，是造成人生痛苦的根本原因，去除無明，由迷而悟，即可把眾生從苦海中解救出來。所以佛教濟世度人功夫就用在消除無明上面。識為形成生命體的精神和形體的直接原因和條件，有則生起思想、行為，造作善、惡諸業，得相應之果報。沒有識和有，也就不能產生和形成承受痛苦和輪迴的主體，所以，對這三個環節要特別重視。

十二因緣包括過去、現在、未來三世的二重因果（見列表）。其中無明和行為過去之因，由之引起識、名色、六處、觸、受為現世之果，此為一重因果。以愛、取、有為現世之因，由之引起生、老死為來世之果，此為又一重因果，合為三世二重因果。有情眾生就是在其中輪迴流轉，永不停息。只有虔心修佛，獲得解脫，才能超脫輪迴苦海，達到幸福的彼岸。

灌甘蔗喻

【題解】人們常常習慣用主觀好惡作標準去衡量、評判、處置事物，而不去對不同對象的具體情形作實地考察研究，這樣做的結果，必然事與願違，把事情辦壞。《莊子・至樂》講了一個故事：

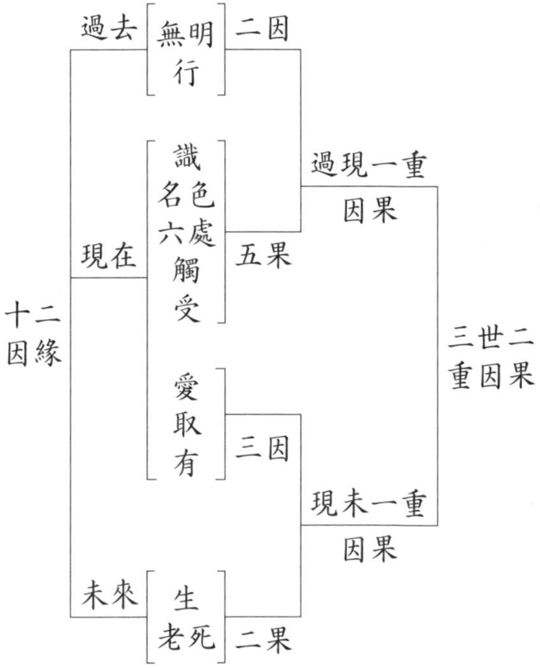

魯侯得到一隻海鳥，他命人在太廟裡為海鳥設酒宴、奏九韶，以大牢為膳食，招待的規格可謂高矣。可是，海鳥被弄得頭暈目眩，不敢食一肉，飲一杯，三日而死。魯侯用自養的方法養鳥，不懂得海鳥的好惡，雖然盡心竭力，還是把鳥養死了。種甘蔗人也犯了和魯侯同樣錯誤，失敗是必然的。

昔有二人，共種甘蔗，而作誓言：「種好者賞，其不好者，當重罰之。」時二人中，一者念言：「甘蔗極甜，若壓取汁，還灌甘蔗樹，甘美必甚，得勝於彼。」即壓甘蔗，取汁用溉。冀望滋味，返敗種子。所有甘蔗，一切都失。

世人亦爾。欲求善福，恃己豪貴，專形挾勢，迫脅下民，陵奪財物，以用作福❶。本期善果，不知將來反獲其殃。如壓甘蔗，彼此都失。

【注　釋】❶作福　造福於民眾，做善事。

【語　譯】從前有兩個人一起種植甘蔗，相互立下約言：「種植好的人受獎賞，種植不好的人，要受重罰。」當時，二人中有一人想：「甘蔗是特別甜的，如果把它壓榨取汁，再用來澆灌甘蔗苗，這樣長出的甘蔗必定更加甜美，就可以勝過比賽對手了。」他就壓榨甘蔗，取汁澆灌蔗苗。希望長出的甘蔗滋味更甜美，反倒毀壞了甘蔗苗，所有甘蔗都失去了。

世間之人也是這樣，想求善求福，就依仗位高權大，專門仗勢欺人，迫害威逼下民，掠奪他們的財物，用來做善事，造福民眾。本來期望能得善果，不知將來反遭致災禍。如同壓甘蔗汁澆甘蔗苗，結果兩者都失去一樣。

【說　明】作者借此故事宣傳佛教因果報應思想，宣揚造什麼業，得什麼報。有人憑藉權勢，壓榨掠奪民財，造下惡業，必得惡報；用不義之財行些善事，亦出於為己求福，無慈悲之心，功不抵過，絕不會有善果！

債半錢喻

【題　解】人們諷刺那些因小失大的人是丟了西瓜揀芝麻，這只是一種形象的比喻，實際生活中的大小，並不限於直觀數量上，還呈現在精神和物質、道德與富貴等等層面。因而，這個小故事給我們的啟發應當是廣泛的、深層次的，在協調道德與貪欲、個人與社會、目前與長遠等關係上，具有警醒意義。

往有商人，貸他半錢，久不得償，即便往債。前有大河，雇他兩錢，然後得渡。到彼往債，竟不得見。來還渡河，復雇兩錢。為半錢債而失四錢，兼有道路疲勞乏困。所債甚少，所失極多，果被眾人之所怪笑。

世人亦爾。要少名利，致毀大行❶。苟容❷己身，不顧禮義，現受惡名，後得苦報。

【注　釋】❶大行　高尚的德行。《荀子・子道》：「從道不從君，從義不從父，人之大行也。」❷苟容　苟且容身於世。即不顧禮法、道義，乞求相容而苟活於世。

【語　譯】從前有一位商人，借給別人半個錢，很長時間得不到償還，他就前往催討。去的路上有一條大河，要花兩個錢雇船，然後才能渡過去。到了借錢人處，竟未找到那個人。回來渡河，又花去兩個錢。為討回半個錢而失去四個錢，外加路途上的疲勞困乏。借出去的錢很少，為討債失去很多，結果被眾人嘲笑。

世間之人也是這樣。為了求得微薄的名利，寧肯毀掉高尚的德行。只要自己能苟且容身，全不顧禮法道義，以致現時承受惡名，後世還要承受種種痛苦以為果報。

就樓磨刀喻

【題解】人們遇事常常好鑽牛角尖，不懂得變換思路和角度去找尋更好的解決辦法，作出類似「懸駝上樓，就石磨刀」的蠢事。禪宗語錄中講了個哭婆婆故事。婆婆有兩個女兒，大女兒嫁給賣鞋的，二女兒嫁給賣傘的，雨天她擔心鞋子賣不出去，大女兒一家會餓飯而哭；晴天她擔心傘賣不出去，二女兒一家會餓飯而哭。雨天哭，晴天哭，她就成了哭婆婆。一位禪師開導說：「雨天你想二女兒的傘賣得好而樂，晴天你想大女兒的鞋賣得好而樂，不是很好嗎？」哭婆婆轉換一下思路，就變成笑婆婆了。這位窮苦人如能轉換一下腦筋，把磨石搬到樓下來，豈不是一樣解決了難題，又省氣力嗎？

昔有一人，貧窮困苦，為王作事，日月經久，身體羸瘦❶。王見憐愍，賜一死駝。貧人得已，即便剝皮。嫌刀鈍故，求石欲磨。乃於樓上得一磨石，磨刀令利，來下而剝。如是數數❷往來磨刀，後轉勞苦，憚不能數上，懸駝上樓，就石磨刀。深為眾人之所嗤笑。

猶如愚人。毀破禁戒❸，多取錢財，以用修福，望得生天。如懸駝上樓磨刀，用功甚多，所得甚少。

【注　釋】❶羸瘦　瘦弱疲病之態。❷數數　屢次；多次。❸禁戒　禁令、戒律。

【語　譯】從前有一個人，生活貧窮困苦，他給國王做事，日子已經很久了，身體變得瘦弱不堪。國王見了他的樣子很可憐，就賞他一匹死駱駝。窮人得了駱駝，就動手剝皮。他嫌刀子太鈍，想找磨石磨一磨，在樓上找到一塊磨石，把刀磨鋒利了，就下樓來剝駝皮。就這樣為磨刀無數次往返於樓上樓下，弄得十分勞苦，他擔心沒力氣樓上樓下奔波，就把駱駝吊上樓去，放在靠近磨石處，以方便磨刀。這種作法深為眾人所嘲笑。

這就好比那些愚癡之人一樣。他們破壞各種禁令、戒條，來大量謀取錢財，想用這些不義之財去作善事，期望死後得以升天。就如同把死駱駝吊到樓上去靠近磨刀石一樣，所用氣力甚大，所得回報甚少。

乘船失釪喻

【題　解】刻舟求劍故事出自《呂氏春秋・察今覽》，情節極簡單，只有五十三字，寓意卻很深。最後一句「舟已行矣而劍不行，求劍若此，不亦惑乎！」一語中的，點出主題，與本篇宗旨相同，情節也相近，只是失掉之物有劍與釪之別，文字也稍顯拖沓，不夠精煉。它告訴人們，日月經天，江河行地，一切都在運動變化，如果不認識、不適應變化了的現實，依然墨守陳規，用老的辦法去處理新問題，必然失敗，重蹈刻舟求劍者的覆轍。

昔有人乘船渡海，失一銀釪❶，墮於水中。即便思念：「我今畫水作記，捨之而去，後當取之。」行經二月，到師子❷諸國，見一河水，便入其中，覓本失釪。諸人問言：「欲何所作？」答言：「我先失釪，今欲覓取。」問言：「於何處失？」答言：「初入海失。」又復問言：「失經幾時？」言：「失來二月。」問言：「失來二月，云何此覓？」答言：「我失釪時，畫水作記，本所畫水，與此無異，是故覓之。」又復問言：「水雖不別，汝昔失時，乃在於彼。今在此覓，何由可得？」爾時眾人無不大笑。

亦如外道，不修正行❸，相似善中，橫計苦因❹。以求解脫❺，猶如愚人，失釪於彼，而於此覓。

【注釋】❶釪 金屬所製之鉢盂，用以盛湯或食品。❷師子 師子國，古國名，後稱錫蘭，即今斯里蘭卡。東晉時即與中國交往，見《宋書・師子國》。❸正行 按照佛教正法修行，與外道所修邪行相對。佛教淨土宗則專指按阿彌陀佛法修持者為正行，有五正行說，以之與其他佛教流派所修雜行相別。❹苦因 苦的業因。外道的種種修行方法，只是種苦因，得苦果，不能從人生苦海中解脫出來，達到幸福的彼岸。❺解脫 從煩惱的束縛中脫離出來，達到自由自在的意識境界。解脫是佛教追求的終極理想，亦稱涅槃。

【語譯】從前有個人乘船渡海，一只銀鉢盂掉進水中。他就這樣想：「我現在在船旁落水處畫上記號，先不用管它，以後再下去撈取。」船經二個月航行，到達師子國境內，他見到一條河，便下到河裡，尋找原來失掉的銀鉢盂。眾人問他：「你要做什麼？」他回答說：「我原來失掉一個銀鉢盂，現在想找回來。」問他說：「在什麼地方丟失的？」回答：「在剛入海的地方丟失的。」又問他說：「丟失已經多長時間了？」回答：「丟失已經二個月了。」問道：「丟失二個月了，為什麼要在此處尋找？」回答：「我丟失銀鉢盂時，曾在丟失處船旁作了記號，我原來所畫記號所指處，與此處無異，因此在這裡尋找。」又問他說：「記號所指水面雖然沒有分別，但是你以前失掉銀鉢盂的時候，是在那個地方。現在在這裡尋找，怎麼能找到呢？」當時眾人無不哄然大笑。

就如同那些外道之徒一樣，他們不修行佛教正法，還以為所修與善法相似，卻完全以苦的業因計數。想用這種修行方法求得脫離人生的煩惱痛苦，就像那位愚癡之人，在別處失掉銀鉢盂，卻到這裡來尋找一樣。

51 人說王縱暴喻

【題　解】由於自己的錯誤、過失給他人造成的痛苦，乃至災難，有些可以彌補，有些則無法彌補。這裡最重要的是認真吸取經驗教訓，承認並改正錯誤，所謂「過而能改，善莫大焉」。如果以為給受害者作些補償就心安理得，如同那位殘暴的國王一樣，那就注定會繼續犯同類錯誤，無可救藥。

昔有一人，說王過罪，而作是言：「王甚暴虐，治政無理。」王聞是語，即大瞋恚，竟不究悉誰作此語，信傍佞人❶，捉一賢臣。仰使剝脊❷，取百兩肉。有人證明此無是語，王心便悔，索千兩肉，用為補脊。夜中呻喚，甚大苦惱。王聞其聲，問言：「何以苦惱？取汝百兩，十倍與汝，意不足耶？何故苦惱？」傍人答言：「大王，如截子頭，雖得千頭，不免子死。雖十倍得肉，不免苦痛。」

愚人亦爾。不畏後世，貪得現樂，苦切眾生❸，調發❹百姓，多得財物，望得滅罪而得福報。譬如彼王，割人之脊，取人之肉，以餘肉補，望使不痛，無有是處。

【注　釋】❶佞人　善於花言巧語、阿諛奉承的人。❷仰使剝脊　命人擊打其脊背。仰，上司對下屬的命令之詞。剝，通「扑」。擊打。《詩經・豳風・七月》：「八月剝棗，十月穫稻。」又，剝作割取，或古印度有此種割取脊肉之刑罰。❸苦切眾生　使眾生深受困苦。切，深切；深深。❹調發　調取徵發。指官府或官吏向百姓強行索取錢物。

【語　譯】從前有一個人，議論國王的罪過，他這樣說：「國王特別凶惡殘酷，治理政事無道。」國王聽到這些話，頓時大怒，竟然不去查明究竟是誰說了這話，就聽信身邊佞臣之言，把一位賢臣抓來，命人擊打他的脊背，割取他一百兩肉。後來有人證明此人未說過那種話，國王心中後悔，就取來一千兩肉，拿來給賢臣補償脊肉。夜裡賢臣疼痛難忍，呻吟呼叫。國王聽到叫聲，問道：「你為什麼這樣苦惱？取你一百兩肉，十倍償還給你，心裡還不滿足嗎？為什麼還苦惱呢？」旁邊的人回答：「大王，如果把某個人的頭砍下來，雖然再還他一千個頭，也難免一死。這個人雖然得到十倍於所失之肉，可也免不了痛苦呀。」

愚癡之人也是這樣。他們不害怕後世遭到惡報，只貪圖現時的快樂，而使眾生深受困苦，向百姓調取徵發，以獲得更多財物，希望用這些不義之財做善事來消除罪過，獲取福報。就像那位國王，擊打人之脊背，取人之肉，又用另外的肉來補償，希望使人不痛一樣，世上沒有這種道理。

【說　明】佛家講慈悲。所謂慈悲，就是給予眾生一切歡樂，拔除眾生一切痛苦。如果為一己之私而刻薄眾生，聚斂財物，就失掉了慈悲心，而造下惡業。即使用這些不義之財行善事，也是小善難抵大惡。如同割人之肉，補償再多也不能免痛一樣。因此，佛家教人從修慈悲心起步。

婦女欲更求子喻

【題　解】俗話說，百鳥在林不如一鳥在手。林中鳥再多，皆非己有，雖有如無，連小孩子也不會用手中一鳥去換林中百鳥。但是，在現實生活中有些人好像不大懂得這個道理，他們對到手的幸福不知珍惜，卻不辭勞苦地去追求未來的虛幻的幸福，結果常常是幸福之夢難成，現實生活也弄得一團糟，什麼也沒有抓住，像故事中的婦人一樣。記得有個故事說，佛祖問他的弟子們，人的一生有多長，弟子們有答三十年、五十年、八十年等等，佛祖說，人的一生只有一剎那。仔細想想，佛祖之語的禪機亦不難領悟，過去的已然過去，未來的尚未到來，都不屬於你，只有眼下的一剎那是你自己的，對你有價值，抓住一剎那便抓住了一生。如果想入非非，好高騖遠，生活在幻夢中，置眼下的真實於不顧，就會失掉一生。

往昔世時，有婦女人，始有一子，更欲求子。問餘婦女：「誰有能使我重有子？」有一老母語此婦言：「我能使爾求子可得，當須祀天。」

問老母言：「祀須何物？」老母語言：「殺汝之子，取血祀天，必得多子。」時此婦女便隨彼語，欲殺其子。傍有智人，嗤笑罵詈❶：「愚癡無智，乃至如此！未生子者，竟可得不，而殺現子。」

愚人亦爾。為未生樂，自投火坑，種種害身，為得生天。

【注　釋】❶詈　罵；責罵。

【語　譯】從前某朝代，有位婦人，已經有一個兒子，還想再生一個。她問其他婦女說：「誰有辦法能使我再有一個兒子？」有一位老婦人對她說：「我能使你求子願望得到滿足，只是必須要祭祀天神。」她問老婦人說：「祭祀要用什麼東西？」老婦人說：「殺死你的兒子，取他的血祭祀天神，一定能使你得到好多兒子。」這婦人便聽信老婦之語，想殺死自己的兒子。旁邊有位智者，譏笑責罵她說：「你之愚癡無知，竟然達到這種程度！兒子尚未生出來，究竟能不能生出還不知道，竟要殺掉現在的兒子。」

世間愚癡之人也是這樣。為了未來的快樂，竟自投火坑，作出種種傷害自身的事情，為求來世得生天國。

【說　明】佛教產生前後在印度流行多種所謂外道，其修行方法的一個共同點便是苦行，認為通過壓抑情欲、摧殘肉體可以平衡以往積下的惡業，獲致精神自由和解脫，本文所說「自投火坑，種種害身」即指此。佛祖亦曾修苦行六年，悟道後才揚棄此法。佛教認為，造什麼業因，得什麼果報，所造惡業不會因修苦行而消除。苦行的結果，只能是犧牲現實生活的快樂，也得不到來世的幸福，只有按佛教正法修行，才能達到真正的解脫。

入海取沈水喻

【題　解】天生我才必有用。人也好，物也好，都有各自的功能、屬性和價值，只有了解它們的特殊性，才有可能做到人盡其才，物盡其用，最大限度地發揮它們的作用。莊子說：「梁麗（大木）可以沖城而不可以窒穴，騏驥驊騮（寶馬名）一日而馳千里，捕鼠不如狸狌。」如果用千里馬去捉老鼠，用大梁木去塞鼠穴，不但事情做不好，也是對寶貴財富的極大浪費。當然，人與物也有不逢其時，遭冷落、被貶低之時，這就要耐心等待，是金子總要發光的，不可失去自信，丟掉所長，去迎合潮流的需要，作出用沉香木燒炭之類蠢事。

昔有長者子❶，入海取沈水❷，積有年載，方得一車。持來歸家，詣市賣之。以其貴故，卒無買者。經歷多日，不能得售，心生疲猒，以為苦惱。見人賣炭，時得速售，便生念言：「不如燒之作炭，可得速售。」

即燒為炭，詣市賣之，不得半車炭之價直。

世間愚人亦復如是。無量方便❸，勤行精進❹，仰求佛果。以其難得，便生退心。不如發心求聲聞果❺，速斷生死，作阿羅漢。

【注釋】❶長者子　有財有德者的兒子。長者，亦泛指年高有德者。❷沈水　即沉香。瑞香科常綠喬木，產於印度、泰國、越南等地。其樹脂黑色芳香，凝結成塊，入水能沉，故名沉水，可作熏香料並入藥。生長在傍海處，樹脂與根幹凝結在一起者方可用，故採之較難（詳見李時珍《本草綱目》卷三四）。沈，即沉字。❸無量方便　無限眾多接引眾生入佛門的靈活方式。❹精進　修佛六大基本功（布施、持戒、忍辱、精進、禪定、智慧）之一。精誠不懈地努力修行，不斷地向真實大道前進。❺聲聞果　指聞知佛的言教、遺教而悟四諦、得大道者所能達到的果位。小乘佛教的修行者，須經三生六十劫，才能修成最高的阿羅漢果位。此種修行者只關心自我的覺悟與解脫，無普度眾生之弘願，境界不夠高，故被大乘佛教譏為「自了漢」。

【語　譯】從前有一位長者的兒子，下海去採集沉香木，累積數年所得，才湊成一車。運回家來，送到集市上出賣。因為價錢比較貴，始終沒有人肯買。經過許多天，也未能賣出去，心裡很厭倦，也很苦惱。後來他見別人賣木炭，可以賣得很快，便這樣想：「不如把沉香木燒成炭，就可以很快賣出了。」於是便把沉香木燒成炭，送到集市上賣掉，一車沉香總共沒有賣得半車木炭的價錢。

世間愚癡之人也是這樣。佛教有無限多入門的靈活方法，只要勤勉不懈地努力修行，就有望求得佛果。以佛果難求，而萌生退縮思想，以為不如發心去求小乘的聲聞果，可以快速斷除生死輪迴之苦，作一個阿羅漢。

賊偷錦繡用裹氍褐喻

【題　解】好鋼用在刀刃上，如果用到其他部位，把好鋼等同於一般鋼鐵，則是對好鋼的極大浪費。要想做到這一點，就要對物之屬性功能作深入了解，唯此才能做到物盡其用，才不致犯故事中用錦繡包裹破爛的錯誤。

昔有賊人，入富家舍，偷得錦繡❶，即持用裹故弊氍褐❷種種財物，為智人所笑。

世間愚人亦復如是。既有信心，入佛法中，修行善法，及諸功德❸。以貪利故，破於清淨戒❹及諸功德。為世所笑，亦復如是。

【注　釋】❶錦繡　織有文采的絲織品稱錦，即錦緞之類；繡有文采的絲織品稱繡，即刺繡。錦繡泛指精美華麗的絲織品、刺繡品。❷氍褐　粗毛布衣，貧賤者之服。❸功德　與佛法相應之善事。❹清淨戒　遠離惡行和煩惱，持守清淨無染汙的戒律。

【語　譯】從前有一個小偷，混入富人家中，偷得一些精美華麗的絲織品、刺繡品，就用作包裹自己的破舊粗布衣和各種財物，這樣做被有見識之人所笑。

世間愚癡之人也是這樣。他們既有信佛之心，而進入佛門，修行善法，並做各種與佛法相應的善事。又因為貪圖名利，破掉了清淨戒律，和諸般善事功德。因此被世人所笑，也和那小偷一樣。

種熬胡麻子喻

【題　解】種子是有生命的，所以種植到土中，遇有適宜的溫度和濕度，可以出苗。如果炒熟了，就是扼殺了它的生命，豈能再繁衍後代。烤熟的鴨子味道雖好，卻不能指望牠生出小烤鴨來。這個故事嘲笑那些不對事物內在本質進行深入研究，只憑表面現象作形式主義推理、行事造成的笑話，值得我們深思、借鑑。

昔有愚人，生食胡麻子❶，以為不美，熬而食之為美。便生念言：「不如熬而種之，後得美者。」便熬而種之，永無生理。

世人亦爾。以菩薩曠劫❷修行，因難行苦行，以為不樂，便作念言：

「不如作阿羅漢，速斷生死，其功甚易。」後欲求佛果，終不可得。如彼焦種，無復生理。世間愚人亦復如是。

【注　釋】❶胡麻子　油料植物，又稱芝麻、脂麻、油麻，其種子可食，亦可榨油。相傳漢代張騫得其種子於西域，故稱胡麻。❷曠劫　過去極其長遠的時間。曠，久遠。劫，表示極長久的時間單位。參見〈煮黑石蜜漿喻〉注❸。

【語　譯】從前有一位愚癡之人，生吃芝麻，覺得味道不好，炒熟以後再吃就好吃多了。他就想：「不如炒熟以後下種，就可收得美味芝麻了。」他就把芝麻炒熟後種到地裡，結果永遠也沒有長出來。

世間之人也是這樣。認為菩薩要用極長久的時間修行，其種種苦行也難以做到，以為這樣做不令人高興，便想道：「還不如做個阿羅漢，可以快速斷除生死輪迴之苦，其修行功夫也很容易做到。」可是以後再想求得佛的果位，終究不能得到了。如同用炒熟的芝麻作種子，永遠不能再長出芝麻來一樣。世間愚癡之人也是如此。

【說　明】佛教有大乘、小乘之別。乘是乘載之意，以乘載之人由此岸世界到彼岸天國之多寡而分大小乘。小乘追求個人的解脫，偏重斷除煩惱，超越生死，憑聲聞緣覺得道，主張個人遠離社會，隱遁山林，出家過禁欲生活，最高目標是把個人修成阿羅漢。因為不以普度眾生為願，永遠不能達到佛的果位，故稱小乘。大乘倡導以「六度」為修行內容的菩薩行，主張一切眾生皆可成佛，以普度眾生為願。修行以自利、利他並重，主張宗教實踐不脫離世間，在紅塵世界中求得解脫，不主張避世出家。其最高目標是修成菩薩，再過渡為佛。因而大乘視小乘為低層次，理想不夠遠大。《百喻經》編撰者僧伽斯那為大乘師，文中表達此種觀點可以理解。

水火喻

【題解】俗人羨慕出家人解脫煩惱，清淨自在；及至出了家，又對世俗生活的歡樂不能忘懷，結果是成不了佛，也喪失了俗人的快樂，二樣都失掉了。世間萬事皆如此理，有得必有失，用心不專，妄求兼得，結果常常是二樣皆失。

昔有一人，事須火用，及以冷水。即便宿火❶，以澡盥❷盛水，置於火上。後欲取火，而火都滅；欲取冷水，而水復熱。火及冷水二事俱失。

世間之人亦復如是。入佛法中，出家求道。既得出家，還復念其妻子眷屬，世間之事，五欲❸之樂。由是之故，失其功德之火，持戒之水。

念欲之人亦復如是。

【注　釋】❶宿火　把火封好，以便保存。古時取火很麻煩，所以很注意保存火種。❷澡盥　盥洗用具。❸五欲　人之眼耳鼻舌身五種感官對外界色聲香味觸五種對象的欲求。

【語　譯】從前有一個人，所做之事情需要用火，還要用冷水。他把火封好，把盥洗用具盛上水，放置到火上。後來他想取火用，而火都熄滅了；想用冷水，而水又變熱了。火與冷水二者都失去了。

世間之人也是這樣。皈依佛法，出家修道。既然已經出家，還要思念妻子兒女和親屬，想著世俗諸事和感官享受的諸般快樂。因此之故，既喪失了作功德之火，又失掉持守戒律之水。貪戀五欲之修道者也是這樣的。

人效王眼瞤喻

【題　解】這個愚癡之人，真是拍馬屁拍到馬蹄上了，沒得到獎賞，反而受重罰，被驅逐出國。看來拍馬屁亦有術也。古語云：「非我而是者，吾師也；是我而是者，吾友也；諂諛我者，吾賊也。」對待別人的是非善惡，要以公正之心去評論，不使私意摻雜，把這些作為待人律己的原則，則可自立於世，不致貽笑大方也。

昔有一人，欲得王意，問餘人言：「云何得之？」有人語言：「若欲得王意者，王之形相汝當效之。」此人即便往至王所，見王眼瞤❶，便效王瞤。王問之言：「汝為病耶？為著風❷耶？何以眼瞤？」其人答王：「我不病眼，亦不著風，欲得王意。見王眼瞤，故效王也。」王聞是語，即大瞋恚，即便使人種種加害，擯❸令出國。

世人亦爾。於佛法王❹欲得親近，求其善法，以自增長。既得親近，不解如來法王為眾生故，種種方便，現其闕短。或聞其法，見有字句不正，便生譏毀，效其不是。由是之故，於佛法中永失其善，墮於三惡❺。如彼愚人，亦復如是。

【注　釋】❶眼瞤　眨巴眼睛。瞤，目動。指眼皮無意識的眨動。❷著風　被風吹著了。指眼睛被風吹著了，或被風沙所眯而受傷。❸擯　拋棄、驅除、趕走之意。❹佛法王　佛祖釋迦通曉一切佛法，並能靈活運用主宰之，不為一法所縛著，故稱佛法王。❺三惡　即六道輪迴中之三惡道。指地獄、畜牲、餓鬼。譏毀佛法則遭此惡報。

【語　譯】從前有一個人，想討國王的喜歡，就問別人說：「怎樣做才能討國王喜歡呢？」有人告訴他說：「如果想討國王喜歡，就應當效仿國王的儀態舉止。」這個人就去到國王住所，見到國王總是眨眼，就模仿國王眨眼。國王問他說：「你眼睛有病嗎？還是被風吹眯眼了，為什麼總眨眼呢？」這人回答：「我不是眼睛有病，也不是被風吹眯眼，而是想討國王喜歡，見國王眨眼，就學著眨眼。」國王聽了這話，立刻十分惱怒，馬上命人對他施加種種懲罰，還把他驅逐出國。

世間之人也是這樣。想親近佛祖如來，求得至善之佛法，以增長自己的修為。既得親近之後，不理解佛祖為使眾生領悟佛法，因人而異設置種種方便法門，個別地方會表現出不完備處。或是在聞知佛法後，發現其中有些字句表達不當，便生出譏刺毀謗之意，或仿效其不足之處。因此之故，將永遠失掉佛法中善的功能，使自身墮入六道輪迴之三惡道中。如同那些愚癡之人，也是這樣的。

【說　明】禪宗語錄中有個故事，和尚和他的弟子走到河邊，碰到一位漂亮姑娘想過河又不敢下水，師父便把她背過河，放下後師徒二人繼續走路。走了很長一段路，弟子總是想不通，便問道：「出家人不近女色，你怎麼可以背她呢？」師父說：「我已經放下了，你怎麼還背著呢？」這是讓人在領悟佛法基本精神的基礎上，靈活地處置一切具體問題，不可拘泥、執著，不可咬文嚼字，或專揀經書上說法不一致處糾纏不休，那會迷失根本，陷入歧途。這種見解具有普遍意義。

治鞭瘡喻

【題　解】見人塗馬糞治療鞭傷，便也鞭背仿效這種不問究竟、不管條件，盲目照搬的作法是極其愚蠢、極其有害的。中國古代有東施效顰、邯鄲學步故事，對此類蠢人作了辛辣的嘲諷。如果用現代醫學眼光來看，馬糞中之細菌是否會使傷口感染，引發破傷風，危及生命，都很難說。所以，學習借鑑別人經驗可取，盲目模仿要不得。佛典《雜譬喻經》亦有用熱馬糞治鞭傷故事，情節與本篇大同小異。

昔有一人，為王所鞭。既被鞭已，以馬屎傅❶之，欲令速差❷。有愚人見之，心生歡喜，便作是言：「我快得是治瘡方法。」即便歸家，語其兒言：「汝鞭我背，我得好法，今欲試之。」兒為鞭背，以馬屎傅之，以為善巧。

世人亦爾。聞有人言，修不淨觀❸，即得除去五陰身瘡❹。便作是言：「我欲觀於女色，及以五欲❺。」未見不淨，返為女色之所惑亂。

流轉生死，墮於地獄。世間愚人，亦復如是。

【注　釋】❶傅　同「敷」。塗抹。❷差　同「瘥」。治癒。❸不淨觀　觀外界種種不淨的樣相，以止息邪心貪念的修行方法。如觀異性身體死後之不淨，以破除對美色的欲望之類。❹五陰身瘡　由五蘊構成身體所生之毒瘡。五陰，即五蘊，指色（物質）受（感受）想（想像）行（意志）識（認識），此五種有物理的、心理的、精神的要素，共同構成人的有生命的個體存在。❺五欲　五種人生欲望，即財欲、色欲、飲食欲、名譽欲、睡眠欲。或指人之五種感官，眼耳鼻舌身對外界色聲香味觸的欲求。

【語　譯】從前有一個人，被國王鞭打。被打之後，就用馬糞塗抹傷口，想讓傷口快些治癒。有個愚癡之人看見了，心中好生歡喜，他說：「我這麼快就得到這種治療鞭傷的方法了。」他立刻回家，對兒子說：「你鞭打我後背，我得到治療鞭傷的好方法，現在想試一試。」兒子鞭打完他的後背，就用馬糞塗抹傷處，自以為是很聰明巧妙的辦法。

世間之人也是這樣。聽到有人說，修習不淨觀，即可除去身上的各種毒瘡，就這樣說：「我想去觀女色，以及五欲。」結果未修成不淨觀，反而為女色所迷惑，以致在生死輪迴中流轉不止，墮落到地獄之中。世間愚癡之人，也是這樣的呀。

【說　明】本篇所言「修不淨觀」為佛教觀法之一種。所謂觀法，又稱修觀、觀想、觀行，為佛教修行方法之一，就是使心志專一，用般若智慧觀照佛教真理和世界萬物，以顯現其本來面目，從而破除執著、貪戀，獲得開悟。這是一種澄心靜慮的冥想，與世俗的認知活動完全不同。修不淨觀主要功能是去除貪欲。人之貪欲起於主體眼耳鼻舌身對客體色聲香味觸的欲求，如果能認清自體和他體的本來面目，知道它們都是汙穢不潔的，不值得貪戀，也就從根本上消除了貪欲之心，慈悲之心也就有了容身之處。修不淨觀主要是觀自身之不淨和他身之不淨，自身之不淨共有八條，即死想、脹想（觀想死屍膨脹的樣子）、膿爛想、壞想、血塗想（死後遺體腐敗，血肉散落地上）、蟲噉想、骨鎖想（身肉既散，只剩白骨相連）、分散想。觀他身之不淨，共有五條，一種子不淨，此身過去以所結之業為種，現在以父母精血為種，種不淨也。二住處不淨，言其在不淨的母胎中育成。三自相不淨，身體具有九孔，常流出唾涕大小便等。四自身不淨，身體由三十六種不淨之物合成。五終竟不淨，身死埋入地下，為蟲咬，成糞土，或燒成灰等等。觀想自身和他身之種種不淨，心生厭惡，自會抑制貪戀之情，長期修行此道，便可去除貪欲。可是，如果沒有誠心，以修不淨觀為名，去接觸女色，則如玩火，必為所惑，陷入淫邪，墮入地獄。

為婦貿鼻喻

【題　解】別人的肉貼不到自己身上，不屬於自己的，不可非分強取。人不可有貪心，貪心的結果，往往是想貪求的東西得不到，原有的還會失去，鬧得偷雞不著蝕把米，如同本故事中的蠢人一樣。

昔有一人，其婦端正，唯其鼻醜。其人出外，見他婦女面貌端正，其鼻甚好。便作念言：「我今寧可截取其鼻，著我婦面上，不亦好乎！」

即截他婦鼻，持來歸家，急喚其婦：「汝速出來，與汝好鼻。」其婦出來，即割其鼻，尋以他鼻著婦面上。既不相著，復失其鼻，唐❶使其婦受大苦痛。

世間愚人，亦復如是。聞他宿舊沙門❷、婆羅門有大名德，而為世人之所恭敬，得大利養，便作是念言：「我今與彼便為不異。」虛自假稱，妄言有德，既失其利，復傷其行。如截他鼻，徒自傷損。世間愚人，亦復如是。

【注　釋】❶唐　空；徒然。❷宿舊沙門　年老有德的出家僧人。沙門，為梵文音譯，意譯為息心、靜志等。在印度，是出家者的總稱，其特徵是剃髮，止息種種罪惡，制御身心，使之向善，不斷精進，務求解脫。此稱呼不限於佛教。

【語　譯】從前有一個人，他的妻子容貌端正，只是鼻子難看。這人外出時，見到另一婦女生得面貌端正，鼻子也很好看。他這樣想：「我現在可以把她的鼻子割下來，安放到我妻子的臉上，不是很好麼！」於是就割下那婦女的鼻子，帶回家來，急急忙忙喊他妻子：「你快點出來，給你換個漂亮鼻子。」妻子出來，他就把她的鼻子割下來，接著把另一只鼻子安到妻子臉上。結果新鼻子安不上去，又失去原來鼻子，白白使其妻子遭受極大痛苦。

世間愚癡之人也是這樣。他們聽說年長有德的出家修道者、婆羅門有盛名大德者，為世人所恭敬，得到豐盛的供養，便這樣想道：「我現在和他們也沒什麼差別。」於是就虛假的自我吹捧，亂說自己有大德，這樣做既失去原來的利益，又損害自己的品行。如同割他人之鼻以自補，白白遭受損傷一樣。世間愚癡之人，也是這樣的。

貧人燒麤褐衣喻

【題　解】這位貧苦人之所以上當，就因為他存有貪心，由貪心而生非分之想，騙子便抓住了他的這種心理以售其奸。古今中外的騙子，儘管設置種種圈套，玩出百般花樣，但是對不存貪心的人，也難免黔驢技窮，不起作用。

昔有一人，貧窮困乏，與他客作❶，得麤褐衣❷，而被著之。有人見之，而語之言：「汝種姓❸端正，貴人之子，云何著此麤弊衣褐？我今教汝，當使汝得上妙衣服。當隨我語，終不欺汝。」貧人歡喜，敬從其言。其人即便在前然火，語貧人言：「今可脫汝麤褐衣，著於火中，於此燒處，當使汝得上妙欽服。」貧人即便脫著火中。既燒之後，於此火處求覓欽服，都無所得。

世間之人，亦復如是。從過去身修諸善法，得此人身，應當保護，進德修業。乃為外道邪惡妖女之所欺誑：「汝今當信我語，修諸苦行，投巖赴火❹，捨是身已，當生梵天❺，長受快樂。」便用其語，即捨身命。身死之後，墮於地獄，備受諸苦。既失人身，空無所獲。如彼貧人，亦復如是。

【注釋】❶客作　傭工。❷麤褐衣　用獸毛和粗麻布製成的短衣。貧賤人之服。❸種姓　古印度劃分嚴格的等級集團，有宗族、家族、氏族等義。同一種姓之成員，職業世襲、內部通婚、習俗相同。在三千五百到四千年前，雅利安人由中亞進入印度，征服當地土著民族，建立許多小國家，並創立種姓制度，用以區分社會成員的高低貴賤。種姓共分四等，最高為婆羅門，是掌管祭祀的僧侶階級；其次為剎帝利，掌管政治和軍事；再次是吠舍，為商人、手工業者、自耕農民；最下等為首陀羅，包括農人、牧人、僕役和奴隸。❹投巖赴火　把身體投向懸崖絕壁，投向大火之中。為外道修煉苦行的一種方法，認為捨身投崖赴火，死後可升天受福。此類修行方法為佛教所反對。❺梵天　印度教和婆羅門教的主神之一，為創造之神。又佛教色界初禪三天為梵眾天、梵輔天、大梵天，統稱梵天。此天已脫離受情纏繞的欲界，眾生皆遠離種種欲望，沒有男女分別，人與物的種種形質尚存。此梵天泛指天堂、天界，是脫離苦難、享受快樂幸福的地方。

【語　譯】從前有一個人，生活貧窮困乏，給別人作傭工，掙得一件粗布短衣，就穿到身上。有人見了，就對他說：「你的種姓高貴，是貴人的兒子，為什麼穿這樣粗陋的短布衣？我現在教你個辦法，一定使你得到上等好衣服。你應當聽從我的話，我絕不會欺騙你。」這個貧苦人很高興，恭敬地表示聽從他的話。那人就在前面燒起火堆，對貧苦人說：「現在可以脫下你的粗布短衣，放到火中，在粗衣燃燒處，可使你得到上等的令人欽羨的好衣服。」貧苦人就把粗衣脫下拋向火中，等衣服燒完之後，在此著火處尋找令人欽羨的好衣服，結果什麼也未得到。

世間的人也是這樣的。由於過去法身修行種種善法，才得此世生為人身，本應當好好保護，增進德行，修行善業。可是卻為外道邪惡妖女所欺騙迷惑，她們說：「你現在應當相信我的話，去修煉各種苦行，把身體投向懸崖絕壁或投向烈火之中，捨棄自身以後，就可以超生天界，永遠享受快樂。」有人聽從這類說法，而捨棄了生命。身死之後，墮落到地獄中，遍受各種苦刑。既失掉了人身，又沒有任何收穫。如同那位貧苦人，最終什麼也沒得到一樣。

牧羊人喻

【題　解】佛教以貪瞋癡為根本煩惱，是有道理的。世間由貪而引發之種種惡行，真是罄竹難書，貪的結果常常是得其反面。小時候讀小說《漁夫和金魚的故事》，印象很深。故事中有個貪心的老太婆，她貪得無厭，向金魚要了金錢要宮殿，要了宮殿要女皇，還要金魚作奴僕，最後什麼都失掉了，還住在原來小茅屋中，過貧窮生活。牧羊人由於貪得美婦，被騙來騙去，最後落得一場空。

此故事雖荒唐，亦足為貪吝者戒。

71 牧羊人喻

昔有一人，巧於牧羊。其羊滋多❶，乃有千萬。極大慳貪❷，不肯外用。時有一人，善於巧詐，便作方便❸。往共親友，而語之言：「我今共汝極成親愛，便為一體，更無有異。我知彼家有一好女，當為汝求，可用為婦。」牧羊之人，聞之歡喜，便大與羊，及諸財物。其人復言：「汝婦今日已生一子。」牧羊之人未見於婦，聞其已生，心大歡喜，重與彼物。其人後復而語之言：「汝兒生已，今死矣。」牧羊之人聞此人語，便大啼泣，噓欷❹不已。

世間之人亦復如是。既修多聞❺，為其名利，祕惜其法，不肯為人教化演說。為此漏身❻之所誑惑，妄期世樂，如己妻息。為其所欺，喪失善法，後失身命，并及財物，便大悲泣，生其憂苦。如彼牧羊之人，亦復如是。

【注　釋】❶滋多　繁殖很多。❷慳貪　吝嗇又貪心。❸方便　隨機應變，巧設計謀。❹噓欷　歎息抽泣之聲。❺多聞　多聞多知佛教經論，並遵照修持。《圓覺經》：「末世眾生，希望成道，無令求悟，唯益多聞，增長我見。」只追求多聞多知佛理，不能領悟，則易產生執著自我之見，而生錯誤。❻漏身　有漏之身。漏，為缺失、染汙、煩惱之意。有漏身即充塞著染汙、煩惱的肉身。

【語　譯】從前有一個人，很擅長牧羊。他的羊繁殖很多，竟有成千上萬頭。此人非常吝嗇貪心，從不肯外送別人一頭羊。當時還有一個人，很善於詐騙，就隨機應變，設下圈套。他先到牧羊人那裡與其交朋友，對他說：「現在我和你是極好的朋友，就如同一個人一樣，不分彼此。我知道某家有一個漂亮姑娘，我要為你去求婚，討她來作你的媳婦。」牧羊人聽了很高興，就給了他許多頭羊和多種財物。之後那個人又說：「你媳婦今天生了個兒子。」牧羊人還未見過媳婦，聽說她已經生子，心裡更加高興，又給那人一些東西。那個人以後又對他說：「你兒子出生後，現在已經死了。」牧羊人聽了這人的話，便大聲哭泣，歎息抽泣不止。

世間之人也是這樣。已經廣泛聞知佛理，並遵照修持，又因貪求名利之故，把佛法隱匿起來，不肯為眾人教化宣講。他們被充塞煩惱之身所欺騙迷惑，妄想謀求世俗快樂，如同自己妻兒。由於被貪欲所欺騙，喪失了佛教善法，隨後又失去生命，以及財物，因此而悲痛泣涕，生出無限憂愁苦惱。如同那個牧羊人，也是這樣的。

雇倩瓦師喻

【題　解】破與立既相互對立，又彼此連接，所謂不破不立，破舊是為了立新。但是，絕不可把破與立等同，以為能破壞者就一定能建設，這就會鬧出本篇中的笑話。為了推動社會進步，破掉那些陳腐落後的東西是必須的，如果不加區分的盲目破壞，像故事中驢子那樣，就是有百害而無一益了。

昔有婆羅門師❶，欲作大會，語弟子言：「我須瓦器，以供會用。汝可為我雇倩❷瓦師，詣市覓之。」時彼弟子往瓦師家。時有一人，驢負瓦器，至市欲賣。須臾之間，驢盡破之。還來家中，啼哭懊惱。弟子見已，而問之言：「何以悲歎懊惱如是？」其人答言：「我為方便，勤苦積年，始得成器。詣市欲賣，此弊惡驢，須臾之頃，盡破我器，是故懊惱。」爾時弟子見聞是已，歡喜念言：「此驢乃是佳物。久時所作，須臾能破，我今當買此驢。」瓦師歡喜，即便賣與。乘來歸家，師問之言：「汝何以不得瓦師將來？用是驢為？」弟子答言：「此驢勝於瓦師。瓦師久時所作瓦器，少時能破。」時師語言：「汝大愚癡，無有智慧。此驢今者適可能破，假使百年，不能成一。」

世間之人亦復如是。雖千百年受人供養，都無報償，常為損害，終不為益。背恩之人，亦復如是。

【注　釋】❶婆羅門師　婆羅門法師。婆羅門，為古印度四種姓之最上等，即掌管祭祀之僧侶貴族集團。師，即法師，指知曉並能講解本門教理之人。亦泛指一般出家人。❷倩　請。

【語　譯】從前有一位婆羅門法師，想舉辦一次大型法會，吩咐一位弟子說：「我需要一些陶製用具，供聚會時使用，你為我雇請一位陶工師傅，可到集市上去找一找。」那位弟子就往陶工家走去。剛好這時有一個人用毛驢馱著陶器想去市場出賣。頃刻之間，驢子把陶器全都摔碎了。那人轉回家中，又啼哭又懊惱。弟子見他這個樣子，就問道：「什麼事使你這樣傷心懊惱呀？」那人回答說：「我為了謀生，辛辛苦苦勞作數年，才做出這些陶器用品。本打算運到集市出賣，這頭該死的惡驢，頃刻之間把我的陶製品全摔破了，因此而懊惱。」這位弟子聽完後，高興的說：「這頭驢真是個好傢伙。你用很長時間做成的陶品，牠頃刻之間就能打碎，我現在要把這頭驢買下來。」陶工聽了也很高興，立刻把驢子賣給他。弟子乘驢回家，法師問他：「你為什麼不把陶工師傅請回來？要用這頭驢子做什麼？」弟子回答：「這頭驢子的本事勝過陶工。陶工用很長時間製作的陶品，牠頃刻之間就能全打碎。」當時法師說：「你真是個大笨蛋，沒有一點智慧。這頭驢頃刻之間就能把陶器全打碎，可是給牠一百年，也做不出一件陶器來。」

世間之人也是這樣。雖然千百年受人供養，卻對人沒有一點報償，還經常給人造成損害，始終不肯做有益之事。背恩忘義之人，就是這樣的。

估客偷金喻

【題解】人有貪心，不加約束，就會滋生、蔓延，生出種種非分之想，並不計後果的去實踐它。如果一旦得逞，貪欲受到刺激，會更加膨脹，更加瘋狂地去追求。如此惡性循環，最終弄得身敗名裂，悔之已晚。《紅樓夢》中有一幅對聯：「身後有餘忘縮手，眼前無路想回頭。」人們要時時警戒，見微知著，小利莫貪，莫讓貪欲蒙心，把自己送上絕路。

昔有二估客❶，共行商賈。一賣真金，其第二者賣兜羅緜❷。有他買真金者，燒而試之。第二估客即便偷他被燒之金，用兜羅緜裹。時金熱故，燒緜都盡。情事既露，二事俱失。

如彼外道，偷取佛法，著己法中，妄稱己有，非是佛法。由是之故，燒滅外典❸，不行於世。如彼偷金，事情都現，亦復如是。

【注　釋】❶估客　販貨的行商。❷兜羅緜　木棉之細綿絮。又說為草木花絮。❸外典　佛教稱佛教經典以外的其他典籍為外典，自稱內典。

【語　譯】從前有二位販貨的商人，一道出去作買賣。一位販賣真金，另一位販賣木棉絮。有來買金子的人，賣金者就在火上燒金子試驗其純度。另一位商人趁機偷去他那被燒過的金子，用木棉絮包裹起來。當時金子很熱，把木棉絮都燒光了。事情敗露後，二樣東西都失去了。

如同那些外道之徒，偷取佛法放到自己的法中，謊稱是本法故有的，不是佛法。為此之故，他們燒掉本教的典籍，不使其流行世上。如同那個偷金子的人一樣，待事情敗露後，兩樣東西都失去了，外道之徒所為也是如此。

斫樹取果喻

【題　解】這則笑話同殺雞取卵相近，諷刺那些急功近利，違背客觀規律蠻幹的人，結果只能徒費周折，落得兩手空空，徹底失敗。

昔有國王，有一好樹，高廣極大，常有好果，香而甜美。時有一人，來至王所。王語之言：「此之樹上，將生美果，汝能食不？」即答王言：「此樹高廣，雖欲食之，何由能得？」即便斷樹，望得其果。既無所獲，徒自勞苦。後還欲豎，樹已枯死，都無生理。

世間之人亦復如是。如來法王有持戒樹❶，能生勝果❷，心生願樂，欲得果食，應當持戒，修諸功德。不解方便，返毀其禁，如彼伐樹，復欲還活，都不可得。破戒之人亦復如是。

【注釋】❶持戒樹　守護和遵行佛所制定的戒律，如同植下一棵功德樹，能結出無限多的佛果。❷勝果　勝過一切之果，譬喻佛果、覺悟佛理之果。

【語譯】從前有一個國王，他有一棵很好的樹，長得極為高大，經常結出好果實，味道又香又甜美。當時有一個人來到國王的處所。國王對他說：「這棵樹上將結出美味果實，你想吃嗎？」那人立刻回答：「這棵樹又高又大，雖然想吃，從哪裡能得到呢？」國王就把樹砍倒，希望得到它的果實。結果一無所獲，白白辛苦一場。後來再想把樹立起來，可是樹已經枯死，不可能再活過來了。

世間之人也是這樣的。如來法王的持戒法門如同大樹，能結出無限佛果。如果生出願心，想得到佛果，就應當守護和遵行佛所制定的戒律，修持各種功德。如果不了解修佛的途徑方法，反而要破壞佛教戒律，如同那位國王伐樹求果，以後再想讓樹復生，亦不可能，最終是樹與果都得不到。破戒之人想求佛果也是這樣的。

【說　明】本篇所言的毀禁求道，指外道的修煉方法。他們嚮往修成道果，又不按佛教戒律實行，而是毀棄戒律，採用極端的方法，如自餓外道的絕食，投崖赴火的自毀其身等等，結果未能修成道果，連生命也失掉了，落得一場空。這是對外道修煉苦行的批判。

送美水喻

【題　解】《莊子・齊物論》講了一則故事：一位養猴老人，早晨餵給眾猴三升橡實，晚上四升，眾猴都惱怒起來；改為早晨四升，晚上三升，眾猴則高興起來。朝三暮四與朝四暮三，實際是一樣的，卻換來眾猴相反的反應。莊子用以諷刺那些不懂得萬物齊一之理的人，費盡心思氣力去分辨是非，爭論差別，為此而時喜時怒，就像不懂朝三暮四、朝四暮三原本無別的猴子一樣愚蠢。村民們也犯了同樣錯誤而不能開悟。這故事告訴人們，凡事需看實質，循名責實，不可為動聽的言詞所蠱惑，這是避免受騙上當的重要方法。

昔有一聚落❶，去王城五由旬❷。村中有好美水，王勅村人，常使日日送其美水。村人疲苦，悉欲移避，遠此村去。時彼村主語諸人言：「汝等莫去，我當為汝白王，改五由旬作三由旬，使汝得近，往來不疲。」即往白王，王為改之，作三由旬。眾人聞已，便大歡喜。有人語言：「此故是本五由旬，更無有異。」雖聞此言，信王語故，終不肯捨。

世間之人亦復如是。修行正法，度於五道❸，向涅槃城❹，心生厭倦，便欲捨離，頓駕生死❺，不能復進。如來法王有大方便❻，於一乘法分別說三。小乘❼之人，聞之歡喜，以為易行，修善進德，求度生死。後聞人說無有三乘，故是一道。以信佛語，終不肯捨。如彼村人亦復如是。

【注釋】❶聚落　村落。人們聚居之處。❷由旬　古印度計量里程的單位，指帝王行軍一日之路程，約為中國唐代之四十里，又說三十里、六十里不一。❸度於五道　度越地獄、餓鬼、畜牲、人、天五種境域。度，度越。指度過生死煩惱苦海，而達到涅槃彼岸，為小乘佛教追求的目標。五道，六道中除去阿修羅，即成五道，指人生死流轉所經歷的五種境域，即地獄、餓鬼、畜牲、人、天。❹涅槃城　比喻達到涅槃後所進入的一種神奇境界，是佛徒最嚮往的地方。❺頓駕生死　突然陵駕於生死之上。即達到超脫三世輪迴和生死流轉，獲得永生之境。這是靠聲聞緣覺、自利自度之小乘佛教所能達到的最高境界。❻大方便　佛、菩薩為救度眾生而設置的廣大方便法門。❼小乘　小乘佛教之簡稱。初起於大乘佛教對原始佛教和部派佛教的貶稱，後世則無貶義。乘為乘載，小乘所乘載者只限自身，把修佛作為自身行為，多採用離世幽居方法修行，把佛法與世間分離開。提倡自利自度，憑聲聞、緣覺證得阿羅漢果或辟支佛果為最高目標。小乘佛教現在主要流傳在南亞、東南亞諸國。

【語　譯】從前有一個村落，距離國王居住的都城有五由旬路程。這個村落有特別甘美的水，國王命令村民，每天派人送來好水。村民為此疲勞困苦，都想搬走避開。這時那個村的村長對眾人說：「你們不要搬走，我要為你們去向國王說，把五由旬的路程改作三由旬，使送水距離變近，往返就不疲勞了。」他即刻前往向國王求說，國王為此把這段路程改作三由旬。眾人聽到後，都很高興。有人對他們說：「這段路程原本是五由旬，更改一下叫法與原來並沒有什麼不同。」眾人雖然聽到這種說法，因為相信國王的話，終究沒有離開村子。

世間之人也是這樣的。他們修行佛教正法，超脫了地獄、餓鬼、畜牲、人、天五種境域，向著最高的涅槃境界前進，他們又心生厭倦，想中途捨棄，在超越了三世輪迴和生死流轉後，便不能再向更高境界前進了。如來法王救度眾生有各種隨機應變的方法，把唯一的佛法分別根據不同人的根器資質說成三個層次，即聲聞乘、緣覺乘和菩薩乘。小乘根器之人聽了很高興，認為容易實行，他們修善進德，以求得超越生死輪迴為目標。後來聽人說並沒有小乘中乘大乘之別，三乘歸根於唯一真實的佛法。他們執信佛陀原來的說法，始終不肯捨棄。就像那些村民只相信國王的話一樣。

【說　明】本篇有一句「一乘法分別說三」，包含較多佛學知識，略加闡釋如下：一乘法即唯一的、獨一無二的佛法。乘為乘載之物，譬喻眾生可乘載佛法脫離現實苦難世界，到達幸福的彼岸世界，天堂佛國。佛法雖然是唯一的，但在救度眾生時，根據對象之資質、根器之不同，又設計種種方便法門，此分別說三，即指三種法門，又稱三乘。通常所說三乘指聲聞乘、緣覺乘、菩薩乘。聲聞乘，又稱小乘，能覺悟四諦之理而證得阿羅漢果。緣覺乘，又稱中乘、辟支佛乘，能覺悟十二因緣之理而證辟支佛果。菩薩乘，又稱大乘，經三祇百劫（無限長時間）修行，證無上菩提之佛果。聲聞、緣覺偏向於出世，在山林幽隱處修頭陀行，作自了漢。菩薩則富於入世精神，修六度萬行，度化眾生。大乘佛教之天台宗認為，三乘只是權法，是依信眾根器之隨機教法，歸根仍入於一乘實法。

寶篋鏡喻

【題　解】這則笑話告誡人們莫把虛幻當真實。鏡花水月、夢幻泡影構造的虛幻世界，儘管充滿迷人的光彩和浪漫的情調，為人提供在幻境中漫遊的條件，但它是不真的、是空的，人不能在超驗的幻境中生活。回到現實中來，用平實的經驗和平常心去面對生活中的一切。

昔有一人，貧窮困乏，多負人債，無以可償，即便逃避。至空曠處，值篋❶，滿中珍寶。有一明鏡，著珍寶上，以蓋覆之。貧人見已，心大歡喜，即便發之。見鏡中人，便生驚怖，叉手❷語言：「我謂空篋，都無所有，不知有君在此篋中，莫見瞋❸也。」

凡夫❹之人亦復如是。為無量煩惱❺之所窮困，而為生死、魔王❻、債主之所纏著。欲避生死，入佛法中，修行善法，作諸功德，如值寶篋。為身見鏡之所惑亂，妄見有我，即便封著，謂是真實。於是墮落，失諸功德，禪定道品❼，無漏諸善❽，三乘道果，一切都失。如彼愚人，棄於寶篋，著我見者，亦復如是。

【注　釋】❶值篋　看見一只箱子。值，相遇。篋，小箱子。❷叉手　拱手，世俗表恭敬順從之禮儀。佛教禮儀之叉手為雙掌相合，手指交叉，表示己心專一的禮節。此當指前者。❸瞋　責怪。❹凡夫　佛教徒稱謂世俗之人為凡夫。❺煩惱　為重要佛學用語。較通常所說煩惱含有更豐富的內涵。煩為擾，惱為亂，煩惱即擾亂眾生身心，使之迷惑、苦惱、不得安寧，是眾生痛苦的直接根源，生死輪迴的業因。煩惱主要有貪、瞋、癡、慢、疑、惡見六種，還有由之而起的隨煩惱二十種等等。❻魔王　天魔之王。為欲界第六天他化自在天之天主，常率其眷屬來人界擾亂。❼禪定道品　修習禪定的各種方法門類。禪定，通過修習靜慮、冥想，使心念專一不散亂，為佛教重要修行方法。道品，修佛實踐的各種方法。❽無漏諸善　未被煩惱染汙的種種善法。漏，為煩惱、缺失之意。無漏，即是用真智清除無明煩惱，使自性清明無染汙。

【語　譯】從前有一個人，生活貧窮而困苦，欠別人很多債，沒有東西可以償還，就只好出外逃避。他來到一個空曠之處，看見一只小箱子，裡面裝滿珍寶。還有一面明亮的鏡子，放在珍寶上面，用以遮蓋箱中之物。窮人見寶箱後，心裡十分高興，就馬上把箱子打開，看到鏡子裡的人，心生驚恐，拱手對鏡中人說：「我以為是只空箱子，裡面什麼都沒有，不知有先生在此箱中，請不要見怪。」

世俗之人也是這樣。他們被無窮無盡的煩惱所困擾，又為生死、天魔、債主所糾纏。為了逃避生死輪迴，才進入佛門，修行善法，做種種修好積德的善事，這就好比碰見了寶箱。又為自身現於鏡中之影像所擾亂，妄見鏡中有人，立刻把寶箱蓋起來，以為那影像是真實的，而不敢取寶。於是開始墮落，喪失了種種功德，連同修習禪定的方法，以及未被染汙的清淨善法和修習三乘的道果，全都失去了。如同那個愚癡之人，丟棄寶箱，執著虛妄的我見，也是這樣的。

【說　明】成佛的關鍵是破除我法二執，把主體和客體都看作因緣和合，無自性的，是流轉變化不斷生滅的。真正達到這種認識，便能由迷而悟，由凡而聖，完成了由眾生到佛的轉化而得解脫。如果經過佛法的教化和修持，仍不能放下我法二執，就如同那個愚癡之人，執著幻象，把珍寶留給他人，自己仍是窮漢一個。佛教的各種宗派都很重視引導弟子、信眾開悟，創造種種法門，設計種種公案，針對不同對象，採取機動靈活的方法，破除迷執，引向悟境。本篇即是構思獨特、立意新穎、極富啟發性的一則上乘公案故事。

破五通仙眼喻

【題解】做事要有目的和實現目的的方法、手段。目的是第一位的，方法、手段要服從目的。一般而言，目的是穩定的、明確的，而方法、手段卻要因客觀情況的變化作相應的調整、變通，這就叫「權」，是難於把握的。《論語・子罕》：「可與共學，未可與適道；可與適道，未可與立；可與立，未可與權。」不能行權，則立與適道都會落空。愚蠢的大臣不能在方法、手段上靈活變通，而挖去了仙人的雙眼，從而使留下仙人的目的無法實現。可見，只有能實現目的的方法、手段才有價值。

昔有一人，入山學道，得五通仙❶。天眼徹視，能見地中一切伏藏❷，種種珍寶。國王聞之，心大歡喜，便語臣言：「云何得使此人常在我國，不餘處去，使我藏中得多珍寶？」有一愚臣，輒便往至，挑仙人雙眼，持來白王：「臣以挑眼，更不得去，常住是國。」王語臣言：「所以貪得仙人住者，能見地中一切伏藏。汝今毀眼，何所復任？」

世間之人，亦復如是。見他頭陀❸苦行，山林曠野，塚間樹下，修四意止❹及不淨觀❺，便強將來，於其家中，種種供養，毀他善法，使道果不成。喪其道眼，已失其利，空無所獲。如彼愚臣，唐❻毀他目也。

【注　釋】❶五通仙　修煉成五種神通的仙人。五通，五種神通。指特別修行者所具有的五種超人能力，即天眼通，能見人所不能見。天耳通，能聞人所不能聞。他心通，能知他人心意。宿命通，能知過去所發生的事。神足通，能隨意往來三界，入地飛天，變化自在而無滯礙。這些神通在釋迦弟子中禁止表現，因為佛徒追求的是開悟智慧，不是神通。炫耀神通會把弟子引向歧途。❷伏藏　埋藏在地下的寶物。❸頭陀　在衣食住方面盡量克制，過寡欲生活，專心追求精神境界超越與昇華的修道者。通常指行腳乞食僧人。頭陀修苦行，有十二誓行，內容為居住在山林曠野、以乞食為生、不選擇乞食對象貧富、一日一食、不多食、中午以後不食、穿殘破衣服、三衣（大衣、上衣、中衣）之外無所有、塚間住、樹下止、露地坐、但坐不臥。❹四意止　又稱四正斷、四意斷、四正勤等，意為斷除懈怠，專心勤修。佛教把達成佛的覺悟、證得涅槃的途徑歸納為七類三十七項，稱七科三十七道品，四正意即其中之一科，包含四道品，即對已經產生之惡，應當努力斷除；對未生之惡，要努力防止它發生；對已經產生的善，應當堅持到底，使其增長圓滿；對未生的善，要努力使其生起。❺不淨觀　透過觀想肉體的種種不淨，以去除貪欲的觀法。詳見〈治鞭瘡喻〉注。❻唐　空。

【語　譯】從前有一個人，入山學道，學成通曉五種神通的仙人。他用天眼透視地下，能看見那裡埋藏之物和種種珍寶。國王聽說後心中很高興，他對大臣們說：「怎樣能使這位仙人長期留在我的國家，不到別處去，好使我的府庫能得到更多的珍寶呢？」有一位愚蠢的大臣聽後，立刻到仙人那裡，挖出仙人的雙眼，拿回來對國王說：「臣已經挖了他的雙眼，他再不能到別處去，只能長住在這個國家了。」國王對這位大臣說：「我之所以貪求仙人長住下來，是因為他能看見埋在地下的一切寶藏。你現在毀掉他的眼睛，他還能做什麼呢？」

世間之人也是這樣。他們看見修煉苦行的頭陀，在山林曠野，墳墓間或大樹下，修煉四意止和不淨觀，就強行把他們帶回家中，在家裡為他們提供種種供養，毀掉他們的善法，使他們不能修成道果。因為喪失其道眼，也就失去其價值，使雙方都一無所獲。如同那位愚蠢的大臣，空毀仙人雙眼而一無所獲一樣。

殺群牛喻

【題　解】人非聖賢，孰能無過。對待過失、錯誤不外有兩種態度，一種是認真總結經驗教訓，積極改正，吃一塹，長一智，力爭以後不犯或少犯錯誤，所謂過而能改，善莫大焉。另一種是不思悔改，破罐子破摔，一錯到底，如故事中的蠢人，失掉一頭牛就要殺掉其餘二百四十九頭牛。顯然，後一種態度是要不得的。

昔有一人，有二百五十頭牛，常驅逐水草，隨時餧食。時有一虎，噉食一牛。爾時牛主即作念言：「已失一牛，俱不全足，用是牛為！」即便驅至深坑高岸，排❶著坑底，盡皆殺之。

凡夫愚人亦復如是。受持❷如來具足之戒❸，若犯一戒，不生慚愧❹，清淨懺悔❺，便作念言：「我已破一戒，既不具足，何用持為？」一切都破，無一在者。如彼愚人，盡殺群牛，無一在者。

【注　釋】❶排　推擠。❷受持　佛教用語。對佛教之教理戒律，信受持行。❸具足之戒　具足戒，為出家的比丘、比丘尼所要遵守的戒條，又稱大戒，簡稱具戒。此為小乘律規定的完整戒，故稱具足。一般說比丘有二百五十戒，比丘尼有三百四十八戒。❹慚愧　羞愧；羞恥。慚，是內心對己之罪過感到羞恥。愧，是自己罪過暴露出來，為人所知，而感羞恥。❺懺悔　真誠悔過，求得寬恕。

【語　譯】從前有一個人，養了二百五十頭牛，他經常驅趕牛群到水草豐美的地方，使牛群隨時都有草吃。後來有一隻老虎，吃掉他一頭牛。這時牛的主人就想：「已經失掉一頭牛，牛的數目不再完全，還要牠們做什麼用啊！」他就把牛群趕到面臨深坑的高崖上，推擠牛群跌下坑底，全部殺死。

世間愚癡之人也是如此。他們信受持行佛祖如來的具足戒，假如違反其中一條戒律，他們不是感覺內心羞愧，不是真誠悔過，求得寬恕，反而認為：「我已經破了一條戒律，既然不再是完整的戒律，還持守它幹什麼？」索性破掉全部戒律，不存一條。就像那個愚癡之人，把一群牛全殺光，不留一頭一樣。

【說　明】懺悔是佛教徒洗除已造罪業的宗教儀式。懺為梵文懺摩的音譯，意為悔過，請人忍恕。《心地觀經》一曰：「若覆罪者，罪即增長，發露懺悔，罪即消除。」具體作法是，犯戒者於特定時日，在佛前面對眾僧披露所犯罪過，表示真誠悔改，請求佛祖容忍寬恕，重新接納。懺悔之內容、形式有多種，如法華懺法、方等懺法、觀音懺法、彌陀懺法等。儀式上犯戒者誦讀之懺悔文亦長短不一。《法苑珠林》卷八六〈懺悔〉有曇遷法師所撰懺悔文就比較長，共六百多字，外加八句偈語，內容極為詳盡具體。而《普賢行願品》之懺悔文只有四句，簡明扼要，頗為通行，其文曰：「我昔所造諸惡業，皆由無始貪瞋癡，從身語意之所生，一切我今皆懺悔。」經過懺悔，真誠改過，就能消除以往罪過，得到佛祖的寬恕，而被重新接納。

飲木筩水喻

【題　解】清水不斷流來，好比紅塵世界的種種誘惑，層出不窮，是否接受誘惑則決定於自身道德自律程度的高下。有沉淪者，有出汙泥而不染者，關鍵在於不怨天、不尤人，不責怪誘惑的不斷襲來，而能時時刻刻把持好自己不受染汙。宋代文豪蘇東坡用偈詩「八風吹不動，端坐紫金蓮」

來表達自己修道所達到的境界，只是言過其實，被他的好友佛印揭了老底，留下一則文壇笑話。說明真正把持好自己，不為七情所擾，不為榮辱所動，保持平常心態，是很不容易的。

昔有一人，行來渴乏，見木筩中有清淨流水，就而飲之。飲水已足，即便舉手語木筩言：「我已飲竟，水莫復來。」雖作是語，水流如故。便瞋恚言：「我已飲竟，語汝莫來，何以故來？」有人見之言：「汝大愚癡，無有智慧。汝何以不去，語言莫來。」即為挽卻❶，牽餘處去。

世間之人亦復如是。為生死渴愛❷，飲五欲鹹水❸。既為五欲之所疲厭，如彼飲足，便作是言：「汝色聲香味莫復更來，使我見也。」然此五欲相續不斷。既見之已，便復瞋恚：「語汝速滅，莫復更生，何以故來，使我見之？」時有智人而語之言：「汝欲得離者，當攝❹汝六情❺，閉其心意，妄想❻不生，便得解脫❼。何必不見欲使不生？」如彼飲水愚人，等無有異。

【注釋】❶挽卻　拉退。❷渴愛　如飢渴時急欲飲水般強烈的貪愛。指對生的強烈迷戀，亦包含對死的極端恐懼。❸五欲鹹水　滿足五種欲望的鹹水。五欲，五種感官眼耳鼻舌身的欲望，要從其相應對象色聲香味觸中獲得滿足而生悅樂。但此種滿足如渴飲鹽水，愈飲愈渴，只有不再追求貪欲滿足，才能真正消除飢渴。❹攝收攝、收攏，使不散亂。❺六情　一般指喜怒哀樂愛惡六種情感。佛教以六根為六情。六根為眼耳鼻舌身意，對六境色聲香味觸法有感覺認識功能，由之而生情識，故稱六情。❻妄想　虛妄分別的念想。一般指空想、幻想。此處則指修習禪定時使身心安定，妄想不生而智慧自出。❼解脫　佛教用語。指從世俗煩惱中解放出來。

【語譯】從前有一個人，走路走得又渴又累，看見木筩中有清水流淌出來，就湊過去喝。喝完以後立刻舉手對木筩說：「我已喝完，水不要再流出來了。」他雖然這樣說了，水還是照樣流淌。這人生氣地說：「我已經喝完，告訴你不要再流出來，為什麼照樣流出來？」有人看見對他說：「你太蠢了，太沒頭腦，你為什麼不走開，反叫水不要流出來。」說完就把這人拉到別處去。

世間之人也是這樣。由於對生的極度貪戀，而去追求五種欲望的滿足。在五欲享樂感到厭倦時，就像那個喝夠水的人一樣，這樣說道：「你們色聲香味觸五境不要再顯現出來，讓我看見。」然而引發五欲的外境依然連續不斷地出現。這人見到後生氣地說：「告訴你們快點消失，不要再生，為什麼又生出來，讓我見到呢？」這時有一位智者對他說：「你要脫離五欲糾纏，應該收攝自己喜怒哀樂愛惡六情，閉塞心意，使虛妄分別之念不生，這樣才能從世俗煩惱束縛中解脫出來。何必要五境不生，使你不見呢？」這種人如同那喝水的蠢人一樣，沒有分別。

【說　明】對象世界是客觀存在的，不會因主體之好惡而改變。讓主體不發生對外界的感知，不能採取使外界消失的方法，只能使主體不與外界接觸，亦即關閉主體與外界的通道，使感官與思維處在絕對虛靜狀態。但這也是不可能的，只要是有生命的人，不是枯木死灰，六根的活動就是不可避免的。為此，佛教教人放棄世俗的認識（俗諦），接受佛的認識（真諦），把主體和客體都看成因緣和合而成，無自性的，不斷生滅的，對之不生執著之心，達到這樣的精神境界，就真正獲得解脫了。大乘佛教提倡佛法不離世間，就是要敢於面對紅塵世界，而不逃避，在現實中經受住磨練，才能真正解脫。

見他人塗舍喻

【題　解】稻穀可以磨米作飯，稻殼可以和泥抹牆，它們各有不同功用，不能相互替代，用得好則能化腐朽為神奇，用得不好則會化神奇為腐朽。赤兔馬可日行千里，用牠去捉老鼠則不如貓。張飛在戰場上叱咤風雲，使敵軍聞風喪膽，如果用他去繡花，又會怎樣呢！人盡其才則無廢才，物盡其用則無廢物。關鍵是研究各種對象獨特的功能、屬性，將其放在最能發揮作用的位置上，而不是相反。切記不可憑主觀主義的價值判斷，想當然的加以處置，那必定會鬧出笑話，遭致失敗。

昔有一人，往至他舍，見他屋舍牆壁塗治，其地平正，清淨甚好。便問之言：「用何和塗❶，得如是好？」主人答言：「用稻穀䴬❷水浸令熟❸，和泥塗壁，故得如是。」愚人即便而作念言：「若純以稻䴰，不如合稻而用作之，壁可白淨，泥治平好。」便用稻穀和泥，用塗其壁。望得平正，返更高下，壁都坼裂❹。虛棄稻穀，都無利益。不如惠施❺，可得功德。

凡夫之人亦復如是。聞聖人說法，修行諸善，捨此身已，可得生天，及以解脫。便自殺身，望得生天，及以解脫。徒自虛喪，空無所獲，如彼愚人。

【注　釋】❶和塗　和泥塗抹牆面。和，調和，把材料加水攪拌均勻。❷䴰　稻殼；麥殼。❸熟　用水充分浸泡，泡透、泡軟，和泥時才能結合一體，抹牆不開裂。❹坼裂　裂開。❺惠施　把恩惠施捨給眾人。

【語　譯】從前有一個人，到別人家裡去，見人家的屋舍牆壁塗飾得平整光滑，地面也很平坦，乾乾淨淨的，挺好。就問主人說：「你用什麼材料和泥抹牆，能抹得這樣好？」主人回答說：「用稻穀加水浸泡透，和泥抹牆，就能抹成這樣。」愚癡之人就想：「與其用純稻殼，不如用稻穀和泥抹牆，可使牆面白淨，塗飾得更光滑漂亮。」於是就用稻穀和泥，用來塗飾牆面。本想得到光滑漂亮的牆面，反而更加高低不平，牆面都裂開了。白白浪費了稻穀，一點好處也沒有。還不如把稻穀施捨給眾人，也可積下一些功德。

世俗之人也是這樣。聽到聖人說法，就跟著修煉，聽說捨棄己身可以轉生天國，並得以解脫一切煩惱，就自殺身死，希望托生天國，解脫煩惱。結果白白喪失性命，什麼都未得到，像那個愚癡之人一樣。

治禿喻

【題解】在街頭卦攤前，常常看到有人向卦師卜問如何求財。試想：如果卦師真知道如何求財，為什麼自己不去求，反而要在街頭牆角經受風吹日曬雨淋，警察驅趕，去賺那微薄的卦金呢？他自己既不知如何求財，又怎麼能指導別人求財呢？讀了這個故事，會提示人們識別騙術一個簡明有效的思維方法。

昔有一人，頭上無毛，冬則大寒，夏則患熱，兼為蚊虻❶之所唼食❷。晝夜受惱，甚以為苦。有一醫師，多諸方術❸。時彼禿人往至其所，語其醫言：「唯願大師為我治之。」時彼醫師亦復頭禿，即便脫帽示之，而語之言：「我亦患之，以為痛苦。若令我治能得差❹者，應先自治以除其患。」

世間之人亦復如是。為生老病死之所侵惱，欲求長生不死之處，聞有沙門、婆羅門等，世之良醫，善療眾患，便往其所而語之言：「唯願為我除此無常❺生死之患，常處安樂，長存不變。」時婆羅門等即便報言：「我亦患此無常生老病死，種種求覓長存之處，終不能得。今我若能使汝得者，我亦應先自得，今汝亦得。」如彼患禿之人，徒自疲勞，不能得差。

【注　釋】❶蝱　比蒼蠅稍大的昆蟲，能飛，其雌者叮吸人畜血液。❷唼食　叮咬。❸方術　中國古代把醫卜星相諸技藝統稱為方術。❹差　同「瘥」。病癒。❺無常　隨時變異，沒有常住性、不變性。佛教認為世間萬事萬物、一切現象都是因緣和合而成，沒有自性的、不斷生滅的，稱為無常。

【語　譯】從前有一個人，頭上沒有頭髮，冬天特冷，夏天又特熱，還要受蚊蟲叮咬。這使他晝夜不得安寧，甚為苦惱。有一位醫生，擅長多種技藝。當時那位禿頭的人到醫生住所去，對醫生說：「請求大師為我治好這個病。」而那位醫生也是個禿頭，聽後把帽子脫下來給他看自己的光頭，並對他說：「我也得此病，以此為痛苦。如果我能治好這種病，應該先治好自己的病，以解除自己的痛苦。」

世間之人也是這樣的。他們被生老病死諸多苦惱所困擾，想尋找一個長生不死的地方，聽說沙門、婆羅門是世間最高明的醫生，善於治療多種疾病，就到其住所去對他們說：「請求為我除掉這生死無常的病患，使我長處安樂，永生不死。」當時婆羅門等就回答他說：「我們也為生老病死隨時流變而苦惱，用種種方法尋求長生不死的地方，終究未能得到。現在我們如果能使你得到，我們也應該先自己得到，然後才能使你也得到。」如同那位患禿頭的人一樣，這個人白白勞碌一場，也未能把病治好。

毗舍闍鬼喻

【題　解】世間鷸蚌相爭漁翁得利的事是屢見不鮮的。人與人在發生矛盾糾葛時，生怕自己吃虧，不肯作一點退讓、妥協，不顧親情友情，不講道義，不擇手段，相互攻訐、訴訟，甚至以性命相搏，結果常常是兩敗俱傷。怕吃虧反而吃了大虧，想多得一點，反而什麼也得不到。為此，老子的一句話，當有警醒作用，「禍莫大於不知足，咎莫大於欲得。故知足之足，常足矣。」

昔有二毗舍闍鬼❶，共有一篋、一杖、一屐❷。二鬼共諍❸，各各欲得。二鬼紛紜，竟日不能使平。時有一人來見之已，而問之言：「此篋杖屐有何奇異？汝等共諍，瞋忿乃爾？」二鬼答言：「我此篋者，能出一切衣服、飲食、牀褥、臥具，資生❹之物，盡從中出。執此杖者，怨敵歸服，無敢與諍。著此屐者，能令人飛行無罣礙❺。」此人聞已，即語鬼言：「汝等小遠，我當為爾平等分之。」鬼聞其語，尋即遠避。此人即時抱篋捉杖躡屐❻而飛。二鬼愕然，竟無所得。人語鬼言：「爾等所諍，我已得去，今使爾等更無所諍。」

毗舍闍者，喻於眾魔❼，及以外道。布施如篋，人天五道資用之具皆從中出。禪定如杖，消伏魔怨煩惱之賊。持戒如屐，必昇人天。諸魔外道諍篋者，喻於有漏❽中強求果報，空無所得。若能修行善行，及以布施持戒禪定，便得離苦，獲得道果。

【注　釋】❶毗舍闍鬼　又音毗舍遮、畢舍遮，為守護世界東方武神持國天王所統領之鬼。又，顛狂鬼或餓鬼中之勝者亦稱毗舍闍鬼。❷屐　鞋子，多為木底，亦有草編的。❸諍　爭辯。❹資生　賴以生存。資，依賴；憑依。❺罣礙　障礙。罣，網礙，即被繩網類束縛住。❻躡屐　穿上鞋子。躡，踩踏之意。此為穿上、套上。

❼魔　梵文魔羅之簡稱，意譯為障礙、擾亂、破壞，指那些能妨礙人們修道成佛的思想、欲念，亦即心魔也。又，佛教也把妨礙修行、破壞佛法的邪惡之神稱為魔。❽有漏　現象世界有煩惱、染汙、不完滿存在，這些是從六根中漏出來的東西，故稱有漏。

【語　譯】從前有兩個顛狂鬼，他們共有一只寶箱、一根手杖和一雙木底寶鞋。二鬼互相爭辯，都想得到這三件東西。他們亂吵亂嚷，爭執一整天也未能公平分開。這時有一個人走過來看見了，就問他們說：「這箱子、木杖和木底鞋有什麼奇妙之處？使你們相爭不休，以至於生這麼大的氣呢？」二鬼回答說：「我們這只箱子，能生出一切衣服、飲食用品、床舖被褥和賴以生存的物品，都可以從中生出。手執這根木杖，仇敵就會歸服，沒有再敢來相爭者。穿上這雙木底鞋，能使人自由飛行，不遇任何障礙。」這人聽完之後，即對二鬼說：「你們稍稍離遠一點，我為你們把三物平等分開。」二鬼聽了他的話，相繼遠遠地避開了。這人立即抱起箱子，拿起木杖，穿上木底鞋飛走了。二鬼驚愕不已，竟然什麼都未得到。那個人對二鬼說：「你們所爭之物，我已經拿去了，現在你們再沒什麼可爭的了。」

二顛狂鬼譬喻眾魔和一切外道之徒。布施好比寶箱，天、人、畜牲、餓鬼、地獄五道賴以生存之物都從這裡面生出來。禪定如同木杖，能消除、制伏魔道和煩惱的賊害。持戒如同木底寶鞋，必能攜帶修煉者升入人、天善道中去。各種邪惡之神和外道之徒爭奪寶箱，譬喻在充滿煩惱、染汙的世界中強求善的報應，結果什麼也得不到。如果能修行善行，並修習布施、禪定、持戒，就能脫離一切痛苦，獲得成道的果報。

【說明】「有漏中強求果報」一語，指人們沒有放棄世俗觀念和種種情欲，仍然為愚癡無明所迷惑，被無窮煩惱所纏繞，在這種狀態下想求得佛法，達成善果是不可能的。只有按佛法指引，真誠而恆久地修行布施、禪定、持戒，才能參悟佛的智慧，斷除無明，從煩惱的束縛中解脫出來，才有可能達成善果。不肯認真修行，帶著功利主義目的以求速成，是達不到成佛目標的。

估客駝死喻

【題解】下象棋有丟卒保車、捨車保帥的策略，這是教人用小的、局部的犧牲來保存實力，換取大的、全局性的勝利，這個道理具有普遍意義。有些蠢人不明此理，鼠目寸光，拘執小利，不能從大處權衡利弊得失，結果揀回幾粒芝麻，卻丟掉西瓜，造成更大損失。古人把這個缺點叫作吝，《論語・泰伯》說：「如有周公之才之美，使驕且吝，其餘不足觀也已。」故事中二徒弟之失誤，當從這些方面引為借鑑。

譬如❶估客，遊行商賈，會於路中，而駝卒死❷。駝上所載，多有珍寶、細軟❸、上氎❹種種雜物。駝既死已，即剝其皮。商主捨行，坐❺二弟子而語之言：「好看駝皮，莫使溼爛。」其後天雨，二人頑癡，盡以好氎覆此皮上，氎盡爛壞。皮、氎之價，理自懸殊，以愚癡故，以氎覆皮。

世間之人亦復如是。其不殺者喻於白氎，其駝皮者即喻財貨，天雨溼爛，喻於放逸、敗壞善行。不殺戒❻者，即佛法身❼最上妙因❽。然不能修，但以財貨造諸塔廟，供養眾僧，捨根取末，不求其本，漂浪五道，莫能自出。是故行者，應當精心持不殺戒。

【注　釋】❶譬如　以下十二篇開頭皆有此二字，當是作者從他書中抄出之跡。❷卒死　突然死去。卒，同「猝」、「促」。急劇；突然。❸細軟　多作細軟，指輕便易於攜帶的貴重物品。❹上氎　上等細棉布，以木棉織成。唐釋慧琳《一切經音義》六四：「案氎者，西國木綿花如柳絮，彼國土俗皆抽撚以紡為縷，織以為布，名之為氎。」❺坐　留守、常駐之意。❻不殺戒　即不殺生戒，指禁止殺害有情眾生的生命。佛教大小乘、在家出家信徒皆有此戒。有情眾生指有生命、有感情意識的生物。與無感覺的草木、山河大地相別。❼法身　佛教認為一切眾生皆有佛性，此為眾生成佛的內在依據。佛性潛存狀態稱如來藏，其顯現出來，即是法身。法身有常住義，它不隨色身死亡而消滅，而常存於天地之間。❽妙因　絕對至高無上的業因，使眾生成佛的最根本原因。

【語　譯】有一位商人，到各地流動經商，碰巧在半路上，他的駱駝突然死掉了。駱駝所馱之物多為珍寶、細軟和上等細棉布之類東西。駱駝既然死了，就把牠的皮剝下來。商人放下這些東西先離去，臨行時吩咐留守的二個徒弟說：「看管好這張駝皮，不要讓它受潮霉爛。」此後天下起雨來，二個徒弟愚蠢無知，把上等細棉布都蓋在那張駝皮上，結果使細棉布全部霉爛損壞。駝皮與細棉布之價錢，按理相差懸殊，由於愚癡的原因，才會用高價的細棉布遮蓋不值錢的駝皮。

世間之人也是這樣。不殺生戒好比上等白棉布，駝皮好比財物，天降雨使物受潮濕而霉爛，比喻放縱情欲、敗壞善行。不殺生戒是眾生內在佛性的顯現，成佛的根本業因。然而世人卻不去修此根本，只是用財物建造佛塔、佛寺，供養眾僧人，這是捨本而逐末，修佛不求根本，只能在五道輪迴中流轉浮沉，不能超脫出來。因此，修行佛法之人，應當修持不殺生戒，以為根本。

【說　明】佛法有五戒，第一便是戒殺生。佛家以慈悲為本，殺生是違背這一宗旨的。犯了殺戒，就種下短命業因，死後要在地獄、餓鬼、畜牲三惡道中輪迴流轉，不得出離。所以修佛之人應以持不殺生戒為根本，如果把精力放在修持外在布施，忽視內心，則是捨本逐末，不得正果。

磨大石喻

【題　解】只要功夫深，鐵杵磨成針。是說只要有毅力、有耐心，堅持做下去，再難的事也能做成。但從另一面推敲這一事例，則有不妥之處。做事要講效率，要事半功倍，付出極小而收穫極大，才有意義。如果不講功利、不計成本，只圖虛名，則是對精力物力的浪費，是不可取的。

譬如有人，磨一大石，勤加功力，經歷日月，作小戲牛❶。用功既重，所期甚輕。

世間之人亦復如是。磨大石者，喻於學問精勤勞苦。作小牛者，喻於名聞，互相是非。夫為學者，研思精微，博通多識，宜應履行，遠求勝果。方❷求名譽，憍慢貢高❸，增長過患。

【注　釋】❶小戲牛　小型玩具石牛。❷方　大、廣之意。❸貢高　功高；貢獻大。

【語　譯】有一個人，雕琢研磨一塊大石頭，勤奮努力，經過好長一段時間，才做成一件小玩具牛。用的功夫氣力很大，所得到的成果很輕微。

世間之人也是這樣。琢磨大石頭，比喻作學問精勤勞苦。磨製成小戲牛，比喻得到的名聲，及出名後的相互是非爭辯。作學問的人，研究思索精細入微，學識淵博，見多識廣，應當把知識付諸實踐，以求得遠大成果，如果花大氣力追求名譽，驕橫傲慢，自視功高，將會增加過失和災禍。

【說　明】此篇沒有宗教勸誡內容，提倡作學問是為了實行，在實行中發揮社會功效，而不是追求個人名譽地位，這些都有積極意義。

欲食半餅喻

【題　解】事物的變化皆先有量的積累，而後有質的飛躍，由飢而飽亦如此。古人言：「變言其漸，化言其著。」可是有些人往往只對顯著的變化給予重視和欣賞，而忽視微小的漸變過程。孰不知不積涓滴無以成江海，不積跬步無以至千里。不肯付出辛勞，貪圖坐享成果，是可恥的，也不能達到目的。

譬如有人，因其飢故，食七枚煎餅。食六枚半已，便得飽滿。其人恚❶悔，以手自打，而作是言：「我今飽足，由此半餅。然前六餅，唐❷自捐棄。設知半餅能充足者，應先食之。」

世間之人亦復如是。從本以來，常無有樂，然其癡倒，橫生樂想。如彼癡人，於半番餅，生於飽想。世人無知，以富貴為樂。夫富貴者，求時甚苦；既獲得已，守護亦苦；後還失之，憂念復苦，於三時❸中，都無有樂。猶如衣食，遮❹故名樂，於辛苦中橫生樂想。諸佛說言：「三界❺無安，皆是大苦。凡夫倒惑，橫生樂想。」

【注　釋】❶恚　懊惱怨恨。❷唐　白白；空；徒然。❸三時　指上文求富貴、守富貴和失富貴三個時期或三個階段。❹遮　作這解，音近而通。❺三界　佛教把眾生所居界域分為欲界、色界、無色界，稱為三界。欲界最低，為有欲望眾生生活的世界，這欲望主要指食欲、淫欲、睡眠欲等。此界分為地獄、餓鬼、畜牲、阿修羅、人、天六道，眾生在其中輪迴流轉，不得出離。色界在欲界之上，為擺脫欲望的清淨世界。此界眾生遠離食色諸欲，但未脫離質礙之身，此界無男女之別，出自化生。無色界為超越物質之上的世界。

【語　譯】有一個人，因為飢餓已極，接連吃下七張煎餅。當吃完六張半時，便覺得吃飽了。這個人十分懊惱悔恨，用手狠打自己，他這樣說：「我現在吃得這樣飽，全由於這半張餅之故。既然如此，前面的六張餅不是白白浪費了麼！假如知道吃這半張餅就能飽，我應該先吃下這半張餅。」

世間之人也是這樣的。長久以來，他們就沒有真正的歡樂，可是由於愚癡而顛倒苦樂，憑空生出歡樂的想法。如同那個愚癡的人，產生最後半張餅使自己吃飽的想法一樣。世間之人愚昧無知，把富貴當作歡樂。富貴這東西，在謀求時非常辛苦；獲得之後，守住它也很辛苦；以後又失掉了，憂愁懷戀更是苦。在對富貴求、守、失三個時期中都沒有歡樂可言。就像把穿衣、吃飯之類稱為歡樂一樣，是在辛苦中憑空生出來的歡樂之想。所以諸佛都說：「眾生所居三界沒有真正的安樂，都是大痛苦。世俗之人顛倒迷惑，憑空生出安樂的想法。」

奴守門喻

【題解】有些思想懶漢，習慣於接受現成的理論條文、具體指示，並照搬照作，不能領會其精神實質，不會結合實際情況，靈活變通。這樣做形式上是擁護、執行理論、指示，實際則是消極怠工、變相破壞，它比直接反對危害更大。因為，直接反對是在事發之前，還可以另想他法解決，而這種教條主義作法則是在事敗之後，想補救都來不及。如本篇故事中主人是在家中財物盡失之後才發現僕人的錯誤，已來不及補救了。本篇寓意當是不作思想懶漢，不作機器人，要會動腦思考、分析，結合變化了的實際，採取相應的作法，才能把事情做好。

譬如有人，將欲遠行，勅其奴言：「爾好守門，并看驢索。」其主行後，時鄰里家有作樂者。此奴欲聽，不能自安。尋以索繫門，置於驢上，負至戲處，聽其作樂。奴去之後，舍中財物賊盡持去。大家❶行還，問其奴言：「財寶所在？」奴便答言：「大家先付門、驢及索，自是以外，非奴所知。」大家復言：「留爾守門，正為財物。財物既失，用於門為？」

生死愚人❷，為愛奴僕，亦復如是。如來教誡常護根門❸，莫著六塵❹。守無明❺驢，看於愛索。而諸比丘不奉佛教，貪求利養，詐現清白，靜處而坐，心意流馳，貪著五欲❻，為色聲香味之所惑亂，無明覆心，愛索纏縛，正念❼、覺❽、意❾，道品❿財寶，悉皆散失。

【注釋】❶大家　指主人。❷生死愚人　愚癡之人沉溺於生死苦海之中，不能自拔。❸根門　佛家稱眼耳鼻舌身意為六根，即六種認識功能，其為主體與外界接觸的門戶，亦為一切煩惱進入之門徑，故稱根門。❹六塵　色聲香味觸法六種認識對象。其中色聲香味觸是具體的、物質性的，分別為主體眼耳鼻舌身所感知。法可以是具體的，也可以是抽象的，指對象世界的總體及規律法則，它是意識的認知對象。❺無明　愚癡無知。主要指對佛教之四諦學說、緣起理論、善惡因果、輪迴報應等佛理愚癡不明。無明是人生一切痛苦煩惱的根本原因，佛教度世救人以斷滅無明開始。❻五欲　為貪戀和追求色聲香味觸五種物境而起之情欲。五欲能染汙心靈，蒙蔽正理，故又稱五塵。又，財、色、名、飲食、睡眠亦稱五欲。佛教認為五欲是流轉生死的直接原因。❼正念　正確的念想。為八正道之一，指對佛教正法時時念念不忘，銘刻於心。❽覺　正覺。指佛的覺悟，能悟得佛法真諦，如緣起性空、四諦學說、業報輪迴等等。❾意　正意，合於佛法的意識。❿道品　又作覺支、菩提分。品或支或分，為道，有道路、通達、道理義。此指佛教的最高智慧和通向最高智慧的方法途徑，即修行方法。品或支或分，為類別、品類之意。佛教把這些修行方法歸納為三十七條，稱三十七道品，認為依此方法循序漸進修行，即能領悟佛理，證得無上菩提。三十七道品為四念處、四正勤、四神足、五根、五力、七覺支、八正道。

【語　譯】有一個人，將要出門遠行，臨行前命令他的僕人說：「你要好好看守家門，看管好驢子注意拴驢的轠繩。」主人走後，恰逢鄰居家演戲，這位僕人很想去聽，再也無法安心守在家裡了。他就用轠繩把房門捆好，放到驢背上，馱到演戲地點，在那裡聽唱戲。僕人離家之後，房子裡的財物全被小偷偷光了。主人出行回來，問僕人說：「財寶都在哪裡？」僕人回答說：「主人事先交待我的只是門、驢和轠繩，除此以外，我就不知道了。」主人說：「留你看守家門，正是為了保住財物，既然財物已經失掉了，還要這門做什麼呢？」

沉溺於生死苦海的愚癡之人，成為愛欲的奴隸，他們就是這樣。佛祖如來教誨告誡，要經常護持六根這一與外界接觸的門戶，不要被六塵所染汙。要守住無明這頭驢子，看好愛欲繩索。而有些出家僧人不尊奉佛教，他們貪求供養，用欺詐方式顯示自己清白，在安靜處打坐，而心意流蕩馳逐，貪愛五欲，為色聲香味諸欲所迷惑而心智混亂，愚癡無明遮蔽本心，為愛欲繩索所束縛，使正念、正覺、正意等三十七類通往佛教最高智慧的修行方法全都散失掉了。

偷犛牛喻

【題　解】這個小賊說謊的本事太差，被連續追問之後，便露出破綻，不得不認罪服法，後世的神奸巨騙就不這麼容易對付了。但魔高一尺，道高一丈，以假亂真可以蒙騙一時，卻難保永不露餡。

細心察證，剝繭抽絲，耐心求索，總有水落石出、揭發真相之日，這就是識別騙子的真正天眼。

譬如一村，共偷犛牛❶，而共食之。其失牛者，逐跡至村，喚此村人，問其由狀，而語之言：「在爾此村不？」偷者對曰：「我實無村。」又問：「爾村中有池，在此池邊共食牛不？」答言：「無池。」又問：「池傍有樹不？」對言：「無樹。」又問：「偷牛之時，在爾村東不？」對曰：「無東。」又問：「當爾偷牛非日中時耶？」對曰：「無中。」又問：「縱可無村，及以無樹，何有天下無東無時。知爾妄語，都不可信。爾偷牛食不？」對言：「實食。」

破戒之人亦復如是。覆藏罪過，不肯發露。死入地獄，諸天善神❷，以天眼❸觀，不得覆藏。如彼食牛，不得欺拒。

【注釋】❶犛牛　長髦牛，牦牛中的一種。❷諸天善神　天界的各種神祇和守護佛法之神。❸天眼　天界之眼，能透視六道、遠近、上下、前後、內外及未來。

【語　譯】有一個村子，村裡人合伙偷了一條牦牛，一同吃掉了。那位丟牛的人追循足跡來到村子裡，叫來村裡人，打聽牛的情況，問村裡人說：「牛在不在你們這個村莊裡？」偷牛的人回答說：「我們這裡確實沒有村莊。」又問：「你們村中有個池塘，你們在這池塘邊一起吃牛肉沒有？」回答說：「村中沒有池塘。」又問：「池塘邊有樹沒有？」回答說：「沒有樹。」又問：「偷牛時是不是在村東？」回答說：「沒有東。」又問：「當你們偷牛時是不是中午？」回答說：「沒有中午。」又問：「你們這裡即使可以沒有村莊，又沒有樹，但天下哪有沒有東面、沒有中午之理，可見你是亂說的，都不可信。你們到底偷牛吃掉沒有？」回答：「確實偷牛吃掉了。」

破壞佛教戒律的人也是這樣的。他們掩蓋隱匿所犯罪過，不肯讓它被揭發暴露出來。死後入地獄，天界諸神和守護佛法之神，用天眼去觀察，他們就不能隱藏了。如同那些偷吃牛肉的人，無法用假話欺騙抗拒一樣。

貧人作鴛鴦鳴喻

【題　解】學習知識、技能是為了應用，如果在該用的時候不能運用，學得再多，練得再熟，也沒有價值，甚至還會帶來嚴重後果，如此窮人丟了性命一樣。

昔外國節法慶❶之日，一切婦女，盡持優鉢羅華❷以為鬘飾❸。有一貧人，其婦語言：「爾若能得優鉢羅華來用與我，為爾作妻；若不能得，我捨爾去。」其夫先來常善能作鴛鴦之鳴。即入王池，作鴛鴦鳴，偷優鉢羅華。時守池者而作是問：「池中者誰？」而此貧人失口答言：「我是鴛鴦。」守者捉得，將詣王所，而於中道復更和聲作鴛鴦鳴。守池者言：「爾先不作，今作何益！」

世間愚人亦復如是。終身殘害，作眾惡業❹，不習心行❺，使令調善。臨命終時，方言今我欲得修善。獄卒將去付閻羅王❻，雖欲修善，亦無所及已。如彼愚人欲到王所作鴛鴦鳴。

【注　釋】❶法慶　按照傳統宗教習俗進行慶祝。❷優鉢羅華　優鉢羅為梵文音譯，意譯為青蓮花。此花瓣長而寬，青白分明，佛書多以之比喻眼睛。《藝文類聚》卷七七〈釋迦文佛像銘〉：「滿月為面，青蓮在眸。」❸鬘飾　古印度人用花連綴成串戴在身上或頭上以為飾物。❹惡業　身口意所造之邪惡行為，是招致一切惡果的根源。具體指十惡，即殺生、偷盜、邪婬、妄語、兩舌、惡口、綺語、貪欲、瞋恚、邪見。❺習心行　指用佛法指導、規範思維意識活動。心行，心的活動，即人的思維、意識活動。❻閻羅王　死後世界的支配者，是裁定死者罪過的地獄主人，冥界之王。又說其為餓鬼界的主人，或為地藏菩薩的化身。

【語　譯】從前某外國節日，按習俗慶祝那天，所有婦女都要用青蓮花連綴成串戴在身上或頭上為裝飾物。有一個窮人，其妻子對他說：「你如果能得到青蓮花，拿來給我用，我還作你的妻子；如果不能得到，我就離你而去。」她的丈夫原來就會模仿鴛鴦的叫聲。他就進入國王的池塘裡，模仿鴛鴦鳴叫，以便偷取青蓮花。這時看守池塘的人發問說：「池子裡面是誰呀？」這窮人不經意的順口回答：「我是鴛鴦。」守池塘的人就把他捉住，送往國王那裡，走在途中，他又與鴛鴦應和鳴叫起來。守池塘的人說：「你先前不學鴛鴦叫，現在叫有什麼用呢！」

世間愚癡之人也是這樣的。一生殘害無辜，做了許多邪惡之事，不肯按佛法規範思維意識活動，積德行善。到壽命將終之時，才說我現在想要積德行善。獄卒把他帶去交給閻羅王，這時雖然想要修德行善，也來不及了。如同那個愚癡之人，被帶往國王之處時才模仿鴛鴦鳴叫一樣。

野干為折樹枝所打喻

【題　解】野干因被樹枝落下砸傷脊背而離開，又因風吹樹枝搖動而返回，其離去與返回都是盲目的。沒有追究樹枝砸脊的原因和避免方法，以及樹枝搖動的真意，就憑藉主觀猜想而糊裡糊塗的去而又返。可以設想，等待牠的將是無限重複的被打和去而復回。這故事啟示人們，要對失誤和挫折認真總結經驗教訓，避免重犯，且不可盲目行事，以免造成錯誤的惡性循環。

譬如野干❶，在於樹下，風吹枝折，墮其脊上。即便閉目，不欲看樹。捨棄而走，到於露地，乃至日暮，亦不肯來。遙見風吹大樹，枝柯動搖上下，便言喚我，尋來樹下。

愚癡弟子亦復如是。已得出家，得近師長，以小呵責，即便逃走。復於後時遇惡知識❷，惱亂不已，方還師所。如是去來，是為愚惑。

【注　釋】❶野干　獸名。如狐狸，稍小，善爬樹。古印度此種動物很常見，亦多次見於佛典。❷惡知識　公認的惡人，或指以邪惡之道教人，將人引入歧途的智者。

【語　譯】有一隻野干，停留在大樹下面，風吹斷樹枝，掉落在牠的脊背上。牠就立即閉上眼睛，不願再看那些樹。然後離開樹下，跑到露天裡去，一直到天黑，也不肯再回到樹下。牠在遠處看見風吹大樹，樹枝上下搖動，便說這是樹在召喚牠，隨後又回到大樹下。

愚癡的佛家弟子也是這樣。已經出家了，得以親近師長，因為受到一點呵斥責罰，就逃離開了。又在後時遇到以邪惡之道教人的智者，使自己煩惱迷惑不已，才又回到師父那裡。像這樣去而復返，就是一種愚癡迷惑。

【說　明】本書以動物為主角的故事有四篇，如果去掉後面發揮佛理部分，則為純寓言故事，有普遍意義。

小兒爭分別毛喻

【題　解】在現實社會中，人們按照生活經驗、實踐理性和邏輯規則思考問題和評判是非，在論辯中不可偷換概念，顧左右而言他，這是大家都要遵守的遊戲規則。對那些故弄玄虛、雲山霧罩、不著邊際的荒唐之言，切不可被它嚇倒，更不可盲目相信。這些自作高深的戲論，多半是「仙人」、「大師」們騙人的技倆，屬「孔雀屎」之類，小心不要落入它的圈套，在精神上作了它的俘虜。

譬如昔日有二小兒，入河遨戲，於此水底得一把毛。一小兒言：「此是仙鬚。」一小兒言：「此是羆❶毛。」爾時河邊有一仙人，此二小兒諍之不已，詣彼仙所，決其所疑。而彼仙人，尋即取米及胡麻子，口中含嚼，吐著掌中，語小兒言：「我掌中者，似孔雀屎。」而此仙人不答他問，人皆知之。

世間愚人亦復如是。說法之時，戲論諸法，不答正理。如彼仙人不答所問，為一切人之所嗤笑。浮漫虛說亦復如是。

【注　釋】❶羆　猛獸名。似熊而大，黃白紋。《爾雅・釋獸》羆注：「似熊而長頭高腳，猛憨多力，能拔樹木，關西呼曰貑熊。」

【語　譯】從前有兩個小孩，入河游水嬉戲，在河底得到一把毛。一個小孩說：「這是仙人的鬍鬚。」另一個小孩說：「這是大熊的毛。」那時河邊住著一位仙人，兩個小孩爭論不休，就往仙人住所去，請他作出裁決。而那位仙人隨即取來一些米和芝麻，放到口中嚼碎，吐到手掌上，對小孩說：「我掌中的東西，好像是孔雀屎。」這位仙人並沒有直接回答小孩的問題，是人人都知道的。

世間愚癡之人也是這樣。在談論大法時，用油滑方式評論各種法理問題，不作正面回答，被眾人恥笑。那些虛浮散漫不著邊際的空話也是這樣的。

醫治脊僂喻

【題　解】中國有句成語叫「投鼠忌器」，意思是欲除惡而有顧忌，如同用物投擲老鼠時，擔心毀壞器物。匪徒劫持人質，警察不敢輕易開槍，亦是投鼠忌器。它告訴人們，做事要通盤考慮，比較得失，權衡利害，謀而後動；不可顧此失彼，因小失大，如故事中的醫生，為矯正駝背，竟把人的雙眼擠壓出來，治小病造成大害，是行不得的。

譬如有人，卒患脊僂❶，請醫療治。醫以酥❷塗，上下著板，用力痛壓，不覺雙目一時併出。

世間愚人亦復如是。為修福故，治生❸估販，作諸非法。其事雖成，利不補害。將來之世，入於地獄，喻雙目出。

【注釋】❶脊僂 脊柱彎曲；駝背。❷酥 酥油，用牛羊乳熬製而成。❸治生 經營謀生之業。

【語譯】有一個人，突然得了脊柱彎曲症，就去請醫生治療。醫生用酥油塗抹彎曲處，上下以木板夾持，用力擠壓，不覺把雙眼眼珠一下子壓得冒出來。

世間愚癡之人也是這樣。為了修習福業，他們以商販為謀生之業，幹了許多非法勾當。買賣雖然做成了，但所得小利不能彌補大害。來世要到地獄受罪，就像為治駝背而被擠出雙眼一樣。

五人買婢共使作喻

【題解】按常理推之，故事的結局當是一僕五主的可憐女人，不堪折磨而死，五個人落得人財兩空，什麼也未得到。它告訴人們，謙讓的精神是可貴的，對協調人與人之間的各種關係有重要意義。兩個人對面相逢在獨木橋上，誰都過不去，有個人讓一下就解決了。如果誰都不肯相讓，很可能是兩人都掉落水中。在城裡常看到許多汽車塞在路口，長時間走不了，主要原因也是不肯相讓，誰都想先過去，結果是誰也走不了。謙讓非小事，不注意必然帶來大麻煩。

譬如五人共買一婢，其中一人語此婢言：「與我浣衣❶。」次有一人復語浣衣。婢語次者，先與其浣。後者恚曰：「我共前人同買於汝，云何獨爾？」即鞭十下。如是五人各打十下。

五陰❷亦爾。煩惱因緣合成此身。而此五陰，恆以生老病死無量苦惱搒笞❸眾生。

【注　釋】❶浣衣　洗衣服。浣，洗滌以去塵垢也。❷五陰　佛教用語。意譯為五蘊，蘊有積聚、類別、集合諸義。五蘊指構成人和萬物的五種類別，即色、受、想、行、識也。廣義的五蘊包括物質世界（色）和精神世界（受、想、行、識），狹義則指現實的有形體、有意識活動的人。❸搒笞　用竹杖、荊條抽打、拷掠。

【語　譯】有五個人共買一女僕，其中一主人吩咐女僕說：「給我洗衣服。」接著又有一主人命女僕洗衣服。女僕對第二位主人說：「得先給第一個人洗。」第二位主人生氣說：「我和那個人一樣出錢買了你，怎麼唯獨給他先洗？」就用鞭子抽打她十下。就這樣五位主人各打女僕十下。

五蘊集合而成的人也是這樣。各種煩惱因緣和合而成此身。而這色受想行識五蘊永恆的用生老病死等無窮無盡煩惱來折磨眾生。

【說　明】佛教認為，人是色受想行識五蘊的集合體，注定要受生老病死、怨憎會、愛別離、求不得等無窮煩惱的纏繞、折磨，而陷入無邊的苦海，只有接受佛教真理，把人生看成因緣和合、無自性、不斷生滅的，而不生執著之心，才能滅妄歸真，獲得解脫。佛教所說解脫、開悟、成佛，不是指獲得無上的神通、道法，不是離開現實世界，升入天界，而是一種觀念的轉變。如《壇經》所說：「自性若悟，眾生是佛；自性若迷，佛是眾生。」佛者覺也，悟是佛徒追求的至上目標。

伎兒作樂喻

【題　解】歌女演唱，使國王耳聞美聲，得到娛樂，是真實的，因為人之眼耳鼻舌身所能感知的色聲香味觸五種對象，都是真實的。而國王所許諾之千錢，在未給付之前則是空的，不能給人歡樂。兩者一實一虛，一真一假，不能等同。反映國王自食其言，用詭辯進行賴帳的狡猾手段。

譬如伎兒❶王前作樂，王許千錢。後從王索，王不與之。王語之言：「汝向作樂，空樂我耳；我與汝錢，亦樂汝耳。」世間果報亦復如是。人中天上❷雖受少樂，亦無有實。無常敗滅，不得久住，如彼空樂。

【注　釋】❶伎兒　古代女樂中歌女、舞女統稱伎。❷人中天上　人間或天上。指佛教欲界六道中之人、天二道，此二道雖為善道，仍不能免除各種情欲折磨。

【語　譯】有位歌女，在國王面前演唱，國王答應給她一千個錢。事後她向國王討取，國王不給她。國王對她說：「你剛才為我演唱，只是使我耳得到快樂；我答應給你錢，也是使你耳快樂。」

世間之因果報應也是如此。眾生在人間或天上雖然感受少許快樂，也是空而無實的。都是隨時生滅，沒有常住性，如國王和歌女之快樂都是空的一樣。

師患腳付二弟子喻

【題　解】嫉妒，古今中外皆有，其心態就是見到周圍的人強過自己，心裡便不舒服，不服氣，進而千方百計進行破壞，直到把人家搞垮，才肯甘心。持有這種心態的人，不肯把精力用於推進事業發展的公平競爭上，而是用於勾心鬥角、相互拆臺的內耗上，結果使事業受損，兩敗俱傷，是極為有害的。

譬如一師，有二弟子。其師患腳，遣二弟子，人當一腳，隨時按摩。其二弟子常相憎嫉。一弟子行，其一弟子，捉其所當按摩之腳，以石打折。彼既來已，忿其如是，復捉其人所按之腳，尋復打折。

佛法學徒亦復如是。方等❶學者非斥小乘，小乘學者復非方等，故使大聖❷法典二途兼亡。

【注釋】❶方等　即逐步推廣，以達於周遍平等之意。此為大乘經典之總稱。大乘佛教以自己的經典宣揚普遍平等真理，總稱方等經。方，廣。等，平等；平均。❷大聖　偉大的聖人。此指佛或菩薩。

【語譯】有一位師父，他有二位弟子。師父患有腳疾，就指派二位弟子每人負責一隻腳，隨時給他按摩。這兩位弟子平時互相憎厭、嫉妒。一位弟子出去了，另一弟子握住他負責按摩的那隻腳，用石頭砸斷。那位弟子回來後，對此非常生氣，也握住另位弟子按摩之腳，用石砸斷。

佛家弟子也是這樣。大乘弟子以小乘為非而加以拒斥，小乘弟子也以大乘為非而拒斥，從而使佛法大典在大乘、小乘中都不能完整保存。

【說　明】繼原始佛教、部派佛教之後出現的大乘佛教，是佛教發展史上一次大變革。大乘佛教產生後，便把原始佛教和部派佛教稱為小乘，兩派間的論爭也隨之而起。大乘指責小乘只求個人解脫，只有自己一派能普度眾生脫離苦海，達到幸福的彼岸。小乘則指責大乘教義非佛所說，是杜撰的，只有自己一派為佛教正統。兩派分歧主要有四：一、對佛的看法，小乘認為釋迦牟尼只是覺者、教祖，大乘則把佛祖視為全智全能的超人，彼岸世界的主宰，眾生靠他得救。二、在修持目標上，小乘追求成阿羅漢果，偏重個人斷除煩惱，超越生死，達到解脫。大乘追求成菩薩和佛，以普度眾生為宏願。三、在修持方法上，小乘主張遠離社會，隱居山林，過禁欲生活，以實現宗教理想。大乘則主張佛法不離世間，要在現實生活中求解脫，不提倡出家修佛。四、在理論上，小乘執著佛說，不肯變通，主張人空法有。大乘則對佛說加以發揮，融入新的思想觀點，主張我法主客皆空等等。後來由於內在原因和異民族入侵，到十二世紀末，佛教在印度便行消亡，直至七百年後的十九世紀，才又由斯里蘭卡傳入。

蛇頭尾共爭在前喻

【題解】《雜譬喻經》亦有一篇，記蛇頭與蛇尾互相爭大，尾不服頭，繞木三日不動，頭不得行，幾乎餓死。不得已尊尾為大，聽其在前，未行數步，掉進火坑燒死。與本篇取材、寓意相同。

社會要發展，事業要成功，需要許多條件，只有這些條件具備，並處於相應位置上，發揮其不可替代作用，彼此相輔相成，協調一致，保持一種動態平衡的運行態勢，才有可能成功。過分突出其中任何條件，都會抑制其他條件，破壞總體平衡，而使發展夭折，事業失敗。譬如棋盤上棋子，球場上球員，必須服從統一調度安排，如果突出個體，都去爭功，必然破壞全局，遭致失敗。

譬如有蛇，尾語頭言：「我應在前。」頭語尾言：「我恆在前，何以卒爾❶？」頭果在前，其尾纏樹，不能得去。放尾在前，即墮火坑，燒爛而死。

師徒弟子亦復如是。言師耆老❷，每恆在前；我諸年少，應為導首。如是年少，不閑❸戒律，多有所犯，因即相牽入於地獄。

【注　釋】❶卒爾　突然如此。卒，同「猝」。突然。爾，如此。指改變原來頭前尾後為尾前頭後。❷耆老　老人。❸閑　通「嫻」。熟練；熟習。

【語　譯】有一條蛇，蛇尾對蛇頭說：「我應該走在前面。」蛇頭對蛇尾說：「我一直走在前面，為什麼要作此改變呢？」蛇頭仍然堅持在前，蛇尾纏在樹上，使頭不能移動。沒辦法只好放尾在前面走，結果掉到火坑裡，被燒爛而死。

師父與弟子的關係也是這樣。說師父已經很老了，每次總在前面領導；我們這些年輕人才應該作領導者。這些年輕人，不熟悉佛教戒律，而多有觸犯，結果把大家都帶入地獄之中。

願為王剃鬚喻

【題　解】這個為國王立過大功的人，在接受獎賞時，不選擇半個國家的治理權和高官顯位，而選擇為國王剃鬚賤業。按照通行的價值觀念，這當然是吃了大虧，是愚蠢的。可是，反覆思之，又不盡然。人貴有自知之明，這個人知道自己有剃鬚專長，卻沒有從政做官的經驗，作此種選擇正是人盡其才，揚長避短。如果只顧貪圖高官顯位，不考慮自己能否勝任，很可能得到高官而瀆職犯罪，受到懲處，不得善終。這樣看來，此人的選擇又是極聰明的。

昔者有王，有一親信，於軍陣中，歿命❶救王，使得安全。王大歡喜，與其所願。即便問言：「汝何所求，恣❷汝所欲。」臣便答言：「王剃鬚時，願聽我剃。」王言：「此事若適汝意，聽汝所願。」如此愚人，世人所笑。半國之治，大臣輔相，悉皆可得，乃求賤業。

愚人亦爾。諸佛於無量劫難行苦行自致成佛，若得遇佛，及值遺法，人身難得。譬如盲龜值浮木孔❸，此二難值❹，今已遭遇，然其意劣，奉持少戒，便以為足，不求涅槃勝妙法也。無心進求，自行邪事，便以為足。

【注　釋】❶歿命　捨棄性命、不顧性命之意。❷恣　隨意；聽任。❸盲龜值浮木孔　盲龜之頭浮出水面剛好碰到浮木孔，從孔中伸出。此典故出自《雜阿含經》卷一五，言大海中有一隻盲龜，壽命無限，每隔一百年浮出水面一次。海上有一浮木，隨波逐流不定，木中有一孔。盲龜浮出水面時，剛好從浮木孔中伸出頭來。極言其機遇萬分難得。在這裡用作比喻人遇佛，得聞佛法，亦如此難得。❹值　相遇；碰到。

【語　譯】從前有一位國王，他有一親信之人，在一次兩軍交戰中，此人不顧性命救護國王，使國王安全脫險。國王非常高興，要賞賜他希望得到的東西。就問他說：「有什麼要求，你隨意提出來吧。」這個人回答說：「國王剃鬚時，希望由我給您剃。」國王說：「如果此事合乎你的心意，就按你的願望辦吧。」這個愚笨的人被世人所笑話。因為治理半個國家，作大臣或輔相之類，都可以得到，而他只求一個微賤職業。

愚癡之人也是這樣。諸佛都是經歷無量劫難和苦行，才達成佛果的。如果能遇到佛，及聞知佛之遺法，對一個人來說是極為難得的。就好比盲龜浮出水面剛好碰到浮木孔，從孔中鑽出一樣，這兩種難以碰到的事現在恰好遇到了，然而他們心意頑劣，只奉持少許戒律，便以為滿足。不再追求更高的涅槃境界和至上妙法，而去做違背正道之事，還感到滿足。

索無物喻

【題　解】按照形式邏輯規則分析，兩位幫忙者犯了偷換概念的錯誤，而陷入詭辯論。因為，推車人所說「無物」，就是什麼東西都沒有，是一切實有、存在物的否定，等於說什麼報酬都沒有的義務幫忙。而二人硬把「無物」說成是一種實有之物，必欲索取而後已，則屬無理取鬧的詭辯。在論辯過程中，必須遵守邏輯規則，保持概念內涵的確定性，否則無從談起。

昔有二人道中共行，見有一人將❶胡麻車在嶮❷路中不能得前。時將車者語彼二人：「佐我推車出此嶮路。」二人答言：「與我何物？」將車者言：「無物與汝。」時此二人即佐推車，至於平地。語將車人言：「與我物來。」答言：「無物。」又復語言：「與我無物。」二人之中，其一人者，含笑而言：「彼不肯與，何足為愁。」其人答言：「與我無物，必應有無物。」其一人言：「無物者，二字共合，是為假名❸。」世俗凡夫著無物者，便生無所有處❹。第二人言無物者，即是無相❺、無願❻、無作❼。

【注釋】❶將　扶持，此作推解。❷嶮　險峻；陡峭。❸假名　虛假的名稱。假，為假借、虛假。名，為名稱、概念。認為名稱、概念與其所指稱的事實、實在是不相應的，是假定的、虛假的名稱，故稱假名。❹無所有處　觀取對象皆無所有之境界。為佛教三界之最高層無色界所含四處之第三處。修習四無色定之無所有處定，悟得物質和虛空皆不存在，意識也不存在，從而否定了意識主體和意識對象。這樣層次的人死後得生無所有處天界。❺無相　認為物之色聲香味觸相、生住壞相、男女相等都來自人的執著分別心，本質上是虛假的、無自性的，故稱無相。❻無願　無所願求，沒有纏著某種目的的願欲。❼無作　沒有人為造作，一切順其自然。

【語　譯】從前有二人一起在路上行走，看見一人推一車芝麻在陡峭的路上無法前行。推車人對那二個人說：「請幫我推車走出這段險路吧。」二人回答說：「給我們什麼東西作為報酬呢？」推車人說：「無物給你們。」當時那二個人就幫忙把車子推到平坦的路上。然後對推車人說：「給我們東西吧。」回答：「無物可給。」二人又說：「就給我們無物吧。」二人中之一人笑著說：「他不肯給，又何必為此發愁。」另一人說：「給我們無物，必定有無物這種東西。」前一人說：「所謂無物，只是兩個字組合起來，是個虛假的名稱。」

世俗凡夫執著於無物，便以為其生於一無所有的虛空境界。那二人中的第二人所說的無物，即指沒有相互區別之相、沒有願求、沒有人為造作的自然。

【說　明】佛教所說「假名」，有二層意義：一就名說，諸法本無名，是人假定一個名加給它，經過約定俗成，便沿用下來。因此，一切名不過是文字、聲音的組合，皆虛假不切實際的，故稱假名。《大乘義章》一曰：「諸法無名，假與施名，故曰假名，如貧人假稱富貴。」二就法說，諸法為因緣和合而成，本無自性、無自體的，是不可分別的空；但又呈現為現象，在一定的時空中存在著，如夢幻泡影，故用假名來指稱之、分別之，是一種權宜的表示方法，不可以執著。《大乘義章》一曰：「法如幻化，非有非無；亦非非有，亦非非無，無一定相可以自別。以名呼法，法隨名轉，方有種種。諸法差別假名故有，是故諸法說為假名。」

蹋長者口喻

【題　解】《雜譬喻經》亦載此故事，所述與本篇大同小異。本篇寓意為做任何事情都要把握好時機，伺機而為，時機未至而盲動或錯過時機，都會導致失敗。中國古代儒家提倡中道，反對過和不及，就蘊含此種哲理。可是，人們做事往往不懂得把握時機，而憑主觀意願去妄為。如故事中的蠢人，不等吐痰出口，便舉脚去踏，結果踏破長者的嘴唇和牙齒，拍馬屁拍到馬蹄上，為人留下笑柄，便是如此。

昔有大富長者❶，左右之人欲取其意❷，皆盡恭敬。長者唾時，左右侍人以脚蹋却。有一愚者不及得蹋，而作是言：「若唾地者，諸人蹋却。欲唾之時，我當先蹋。」於是長者正欲咳唾，時此愚人即便舉脚蹋長者口，破脣折齒。長者語愚人言：「汝何以故，蹋我脣口？」愚人答言：「若長者唾出口落地，左右諂者已得蹋去。我雖欲蹋，每常不及。以是之故，唾欲出口，舉脚先蹋，望得汝意。」

凡物須時，時未及到，強設功力，返得苦惱。以是之故，世人當知時與非時。

【注釋】❶大富長者　非常富有又品德高尚的年長者。《法華玄贊》十曰：「心平性直，語實行敦，齒邁財盈，名為長者。」❷取其意　討取某人的歡心、好感。

【語譯】從前有一位非常富有又品德高尚的年長者，圍繞他身邊的人想討他歡心，都對他十分恭敬。他吐痰到地上時，左右侍候他的人就用腳抹掉。有一位蠢笨之人總也搶不到抹痰的機會。他就這樣想：「如果等痰吐到地上，就被其他人搶先抹掉了。我應當在他欲吐之時，搶先去踏抹。」於是在長者剛要咳吐時，這愚人就舉起腳蹬踏在長者嘴上，把嘴唇踏破，牙齒折斷。長者對愚人說：「你為什麼要蹬踏我的嘴巴？」愚人回答說：「如果等您吐痰出口落地，周圍討好您的人已經把它抹掉。我雖然想去踏抹，卻總也搶不到。為此之故，在您將要吐痰出口時，先舉腳蹬踏，希望討得您的歡心。」

凡做事都須把握時機，時機未到，強行去做，反得苦惱。因此之故，世人做事當知什麼時候合乎時機，什麼時候不合時機。

二子分財喻

【題　解】平均只能是相對的，不能是絕對的。就如故事中老者的分法，也難免有誤差，仍然達不到絕對平均。追求絕對平均不僅無法實現，而且對社會財富有破壞性，如本篇把衣服、用具、錢幣都剖為兩半，把成品毀成廢物，即其例也。由此看來，所謂「不患貧而患不均」的古訓是有很大局限性的，它可能引導人片面追求絕對平均而忽視創造更多的財富，使社會停滯不前。當然，也不可陷入另一極端，對社會分配不公，貧富兩極分化加劇視而不見，那會造成更大的危害。

昔摩羅國❶有一剎利❷，得病極重，必知定死，誡勑❸二子：「我死之後，善分財物。」二子隨教，於其死後，分作二分。兄言弟分不平。爾時有一愚老人言：「教汝分物，使得平等。現所有物，破作二分。云何破之？所謂衣裳中割作二分，槃、瓶亦復中破作二分，所有瓫、瓨❹亦破作二分，錢亦破作二分。如是一切所有財物，盡皆破之而作二分。」如是分物，人所嗤笑。

如諸外道，偏修分別論❺。論門有四種❻：有決定答論門，譬如人一切有皆死，此是決定答論門。死者必有生，是應分別答。愛盡者無生，有愛必有生，是名分別答論門。有問人為最勝不？應反問言：汝問三惡道，為問諸天。若問三惡道，人實為最勝；若問於諸天，人必為不如。如是等義名反問答論門。若問十四難❼，若問世界及眾生有邊無邊、有終始無終始，如是等義名置答論門。諸外道愚癡，自以為智慧，破於四種論，作一分別論。喻如愚人分錢物，破錢為兩段。

【注釋】❶摩羅國　古印度國名。摩羅，又作摩羅提、摩羅離，為梵文摩羅耶提數音譯之簡化。摩羅耶意譯為鬘，即花鬘；提數意譯為中。言此國在鬘形山中而得名。❷剎利　剎帝利之簡稱，古印度四種姓之第二等，為武士階級，掌管國家的軍政權力，是世俗統治者。❸誡敕　訓誡命令。❹瓨　缸的異體字。❺分別論　認為事物有種種分別，並執著這些分別。進而主張事物是有自性的，主體（我）和客體（法）都是真實存在的。此類理論與佛教緣起性空之理相悖，故被佛家視為外道邪說。❻四種　又稱四記、四答。《俱舍論》稱四記為一向記、分別記、反詰記、舍置記。《大智度論》載：「佛有四種答：一者定答，二者分別義答，三者反問答，四者置答。」指下文所說四種答覆詢問的方式。一決定答論，以正面的肯定方式回答問題。二分別答論，區分問意和場合，分別作答。三反問答論，反問後弄清問題所指，再據以作答。四置答論，對不宜作答的問題，默然置之，不作答。❼十四難　外道向釋迦提出的十四條形而上方面的思辨問題。因其不切實際，與釋迦所關注的如何使眾生從現實苦難煩惱中獲得解脫的宗旨無涉，故不予回答。十四難指一世界及我為常耶？二為無常耶？三為亦有常亦無常耶？四為非有常非無常耶？五世界及我為有邊耶？六為無邊耶？七為亦有邊亦無邊耶？八為非有邊非無邊耶？九死後有神去耶？十死後無神去耶？十一死後亦有神去亦無神去耶？十二死後亦非有神去亦非無神去耶？十三後世是身是神耶？十四身異神異耶？

【語　譯】從前摩羅國有一位剎帝利，得了極重的病，知道自己肯定要死了，就訓誡二個兒子說：「我死之後，你們要妥善均分家中財物。」二個兒子表示聽從他的訓教，在他死後，就把家中財物分為兩份。可是，哥哥認為弟弟分得不公平。這時有一位愚蠢的老者說：「我教你們如何分配財物，才能分得公平。就是把現有財物從中間破為兩半。怎麼破法呢？就是把衣裳從中間割開，把盤子、瓶子也從中間破開，把所有的盆、缸也破為兩半，錢幣也破作兩半，這樣就把所有一切財物都分為兩半了。」這種平分財物方法，為人所譏笑。

譬如各種外道信徒，偏要修習分別論。論之門類共有四種：有決定答論門類，譬如說一切人都要死去，這就是決定答論門類。說死者必然轉生，則應分別情況作答。貪愛斷除乾淨者不再轉生，有貪愛者必然轉生，這就叫作分別答論門類。有人問人是最優勝的嗎？就應該反問他：是把人和三惡道相比，還是和各種天界諸神相比。如果和三惡道相比，人確實是最為優勝的；如果和種種天界諸神相比，人肯定不及他們。如此之類叫作反問答論門類。如果問十四難句，諸如問世界和眾生有邊還是無邊，是有終始還是無終始之類問題，則不需作回答，叫作置答論門類。各種外道信徒愚癡無知，還自以為聰明有智慧，破除四種論，造作出一個分別論。就如愚蠢老者平分錢物，把錢幣破作兩半一樣。

觀作瓶喻

【題　解】一寸光陰一寸金，寸金難買寸光陰，此俗語極言時光之寶貴。老天給予每個人的時光大體是公平的，可是，有人能抓住每分每秒有效利用，做成有意義的事業，造福他人，不使一生虛度。有人則把時光消磨在無益的瑣事中，終生碌碌無為，待生命將要結束時，回首往事，剩下的只有悔恨與痛苦，但已於事無補了。這篇故事啟示人們珍惜時光和生命，最有效的方法就是抓住分分秒秒做有意義的事，不使生命無價值消耗。那些在酒桌、娛樂場、麻將桌上無休止的空耗生命者，讀此當有所警醒。

譬如二人至陶師所，觀其蹋輪而作瓦瓶，看無厭足。一人捨去，往至大會，極得美饍，又獲珍寶。一人觀瓶而作是言：「待我看訖。」如是漸冉❶，乃至日沒，觀瓶不已，失於衣食。愚人亦爾，修理家務，不覺非常。

今日營此事，明日造彼業。諸佛大龍❷出，雷音❸徧世間。
法雨❹無障礙，緣事故不聞。不知死卒至，失此諸佛會。
不得法珍寶，常處惡道窮，背棄於正法。
彼觀緣事瓶，終常無竟已。是故失法利，永無解脫時。

【注 釋】❶漸冉 逐漸、漸漸之意。冉，亦漸意。❷大龍 地位高修持深的菩薩以願力化作大龍之相，來護持眾生，故大龍當指代菩薩。❸雷音 雷聲。佛家言佛祖講法如獅子吼、如雷震，形容其聲音宏大，像雷聲一樣警醒世人。❹法雨 佛家謂佛法之普惠眾生，如雨露之滋潤大地。

【語 譯】有兩個人到陶工的作坊裡，觀看他用腳蹬踏轉輪製作瓦瓶，看也看不夠。後來，其中一人離開了，去參加一個大會，吃到豐盛的美食，又得到贈送的珍寶。另一人還在觀看做瓶，他這樣說：「等我看完以後再說吧。」就這樣時間漸漸過去，直到太陽落山，仍在觀看做瓶沒完沒了，連吃飯都錯過了。愚蠢的人也是這樣，天天忙於料理家務瑣事，不覺得有什麼不一樣。

今天做這樣事，明天造那樣業。
諸佛菩薩出世，佛祖講法如雷聲響徹世間。
佛法如雨露普惠眾生無障礙，卻因瑣事纏身而不聞。
不知死亡突然來臨，失去與諸佛相會時機。

未能獲得佛法珍寶，常處惡道窮途中，背棄佛教正法。你看那些以觀看做瓶為事之人，始終不肯罷休。因此失掉佛法帶來的好處，永遠沒有解脫之時。

見水底金影喻

【題解】在民間流傳極廣的猴子撈月故事，也出自佛經，其寓意與本篇相同。對於夢幻泡影之類虛妄之相不可執著，以為實有，如故事中的兒子那樣；但也不可完全抹煞，陷入空寂。真與妄是相互包含的，真通過種種妄顯現出來，妄雖非真，棄妄則無以求真。華嚴宗所說「真該妄末」、「妄徹真源」，即此理也。故事中父親指導兒子由水中影尋到樹上金，即是此理的具體運用。本故事對認知活動中如何由事物表象及於本質頗有啟發。

昔有癡人，往大池所，見水底影，有真金像，謂呼「有金」。即入水中，撓泥求覓，疲極不得。還出復坐。須臾水清，又現金色，復更入裡，撓泥更求覓，亦復不得。其父覓子，得來見子，而問子言：「汝何所作，疲困如是？」子白父言：「水底有真金，我時投水，欲撓泥取，疲極不得。」父看水底真金之影，而知此金在於樹上。所以知之，影現水底。其父言曰：「必飛鳥銜金，著於樹上。」即隨父語，上樹求得。

凡夫愚癡人，無智亦如是。於無我❶陰中，橫生有我❷想。如彼見金影，勤苦而求覓，徒勞無所得。

【注　釋】❶無我　作為實體之我是不存在的。因為我是由色受想行識五蘊集合而成，也就是精神、物質諸元素之因緣和合之物，沒有永恆不變之實體和自性，是不斷生滅的，故稱無我。此為佛教通行之正見。❷有我　認為我是有實體、有自性的真實存在物。與佛教緣起理論相悖，被佛家視為邪見。

【語　譯】從前有一個愚癡之人，來到大池塘邊，看見水底有真金影像，就喊「有金子」。立刻跳入水中，攪動水底淤泥尋找，累得精疲力竭也沒有找到。他回到岸上坐下休息。過一會兒水變清了，又出現金子影像，再下到池塘裡，攪動淤泥尋找，還是找不到。他的父親尋找兒子，來到這裡，看到兒子後就問他：「你在做什麼，累成這個樣子？」兒子回答說：「水底下有金子，我剛才下到水中，想攪動淤泥取出，累得精疲力竭也未找到。」父親觀察水底金子影像，便知此金子在樹上。所以知道金在樹上，是依據金的影子映現水底，故而得知。他的父親說：「必定是飛鳥銜金子，留在樹上的。」兒子就按父親的話，在樹上找到了金子。

凡夫愚癡人，愚昧無知亦如此。在五蘊集合的自我中，平空生出有我邪見。

如見金子影，勤苦去尋找，白白勞碌而一無所得。

梵天弟子造物因喻

【題解】人貴有自知之明。惟有自知己之長處和短處，才能揚長避短，量力而行，使事業成功。那些目空一切，狂妄自大，以為無所不能者，結果必然徹底失敗。

婆羅門❶眾皆言：「大梵天王❷是世間父，能造萬物，造萬物主者。」有弟子言：「我亦能造萬物。」實是愚癡，自謂有智。語梵天言：「我欲造萬物。」梵天王語言：「莫作此意，汝不能造。」不用天語，便欲造物。梵天見其弟子所造之物，即語之言：「汝作頭太大，作項極小；作手太大，作臂極小；作腳極小，作踵極大；如似毗舍闍鬼❸。」以此義，當知各各自業所造，非梵天能造。

諸佛說法，不著二邊❹，亦不著斷❺，亦不著常❻，如似八正道❼說法。諸外道見是斷常事已，便生執著，欺誑世間，作法形像，所說實是非法。

【注　釋】❶婆羅門　此指婆羅門教，印度古代宗教之一，相傳形成於西元前十一世紀左右，以崇拜婆羅賀摩（意譯梵天）而得名，以《吠陀》為最古的經典，信奉多神，以婆羅賀摩（梵天、創造之神）、毘摩奴（遍入天、保護之神）、濕婆（大自在天、毀滅之神）為主神，三神分掌宇宙萬物的創造、保全和毀滅。主張善惡有因果，人生有輪迴，並與種姓制度緊密結合，勢力很大。西元前六至五世紀，佛教和耆那教興起，婆羅門教逐漸衰落。西元八、九世紀，經過宗教改革，吸收佛教、耆那教某些教義，形成印度教。❷大梵天王　又稱梵天，婆羅門教尊奉的主神、創造之神。相傳一切有生命、無生命之物，皆由他創造出來。此神與四種姓密切相連，傳說從其口中生出婆羅門，地位最高；兩臂生出剎帝利，次之；兩髀生出吠舍，又次之；兩腳生出首陀羅，最低。又，佛教色界初禪天之王，亦稱大梵天王。❸毗舍闍鬼　餓鬼，又作顛狂鬼。❹不著二邊　不執著於二種邊見。二種邊見指常見與斷見，簡稱常斷。❺斷　斷見，認為世間諸法並無因緣，皆會斷滅，人死亦化為烏有。此與佛教緣起說、輪迴說相悖。❻常　常見，與斷見相對，認為世間諸法皆常住不滅，人死後，靈魂永存。佛教認為，常見與斷見皆為偏見、邪見，只有超越二者，才能達到非常非斷、亦常亦斷的中道，即佛教之最高真理，獲得解脫。❼八正道　亦稱八聖道，八種合乎佛教正理的修行方法、成佛途徑。稱正道，是指其為通往涅槃解脫的正確道路。具體指：一正見，對四諦等佛教真理的正確知解。二正思，又作正思維、正志，指遠離各種邪見和虛妄分別的正確思維。三正語，出語純正淨善，合乎佛法。不妄語、不兩舌、不惡口、不綺語等。四正業，一切行為、活動合於佛法戒律，如不殺生、不偷盜、不邪淫等。五正命，過正當生活，從事正當職業，不以詐現奇特、自誇功德、占卜星相等為謀生手段。六正精進，按佛法努力止惡修善，不懈怠昏沉。七正念，憶持佛教正法，去除邪念。八正定，正確的禪定，正身端坐，專注一境，心不散亂，以獲得佛教智慧。八正道可用戒定慧三學加以概括，是佛教修行的基本內容。

【語　譯】婆羅門教教徒都說：「大梵天王是世間之父，能創造萬物，是創造萬物的主宰者。」其中有個弟子說：「我也能創造萬物。」這個人實際上愚昧無知，卻自以為聰明。他對梵天王說：「我想要創造萬物。」梵天王對他說：「不要作此打算，你是不能造出萬物的。」那個弟子不聽梵天王的話，竟去造物。梵天王見其所造之物，就對他說：「你所造之物頭作得太大，脖子太細小；手太大，胳膊太小；腳太小，腳後跟太大；就像餓鬼一樣。」依據此理推斷，當知世間萬物皆由各自業力所造，並非大梵天王所能造。

諸佛講法，不執著二種邊見，不執著斷見，也不執著常見，就像按八正道講說佛法那樣。各種外道之徒看到一些斷滅和常住現象後，便生執著之心，並欺騙世間眾人，造作出種種理法樣式，但他們所說實際上都不是正法。

病人食雉肉喻

【題　解】凡做事貴在堅持，不可以半途而廢，有始無終。《老子》有言：「民之從事，常於幾成而敗之。慎終如始，則無敗事。」就是說，做事有了好的開頭，只是剛剛起步，還必須持續做下去，且愈是接近成功，愈要謹慎用心，像開始時一樣。如果能如此，則事無不成，功無不就。不要像故事中的病人，得了重病，本該長期治療調養，慢慢去病強身，等待康復，他卻想吃一隻山雞就完全病好，給人留下笑柄。

昔有一人，病患委篤❶。良醫占❷之云：「須恒食一種雉肉，可得愈病。」而此病者，市得一雉，食之已盡，更不復食。醫於後時，見便問之：「汝病愈未？」病者答言：「醫先教我恒食雉肉，是故今者食一雉已盡，更不敢食。」醫復語言：「若前雉已盡，何不更食？汝今云何❸止食一雉望得愈病？」

一切外道亦復如是。聞佛、菩薩無上良醫說言，當解心識❹。外道等執於常見，便謂過去、未來、現在唯是一識，無有遷謝❺。猶食一雉，是故不能療其愚惑煩惱之病。大智諸佛教諸外道除其常見，一切諸法念念生滅❻，何有一識常恒不變。如彼世醫，教更食雉，而得病愈。佛亦如是，教諸眾生，令得解諸法，壞故不常，續故不斷，即得剗❼除常見之病。

【注　釋】❶委篤　衰頹已極。此指病危。❷占　察看、檢察之意。❸云何　為什麼；怎麼。❹心識　認識主體的虛妄分別作用。就知識論說，認識主體對認識對象的感覺和區分鑑別，是獲取知識不可或缺的手段。但佛教認為主體對客體的區分是虛妄不真的，是執著事物為實存的常見，與超越常斷的中道相悖。❺遷謝　變動更替之意。❻念念生滅　心念相續生起和消亡，永無止息，為人的正常意識活動。❼剗　同「剷」、「鏟」。剷除、消滅之意。

【語　譯】從前有一個人，患病已至生命垂危。一位好醫生檢察後告訴他說：「必須經常吃一種山雞肉，才可使病情好轉。」而這位病人只買了一隻山雞，吃完以後就不再吃了。醫生在此之後又看見他便問道：「你的病好了沒有？」病人回答：「先生先前教我經常吃山雞肉，現在已吃完一隻，不敢再吃了。」醫生又問他說：「如果前一隻已經吃完，為什麼不再接著吃呢？你為什麼只吃一隻山雞肉就指望把病治好呢？」

一切外道之徒也是這樣。他們聽到諸佛、菩薩這些至高無上良醫所說佛法，就應當知道主體對外界的分別是虛妄不實的。可是外道之徒執著於萬物與自我為常住不滅的認識，便說過去、未來和現在只是一個心識，沒有什麼變動更替。這就像吃一隻山雞不能治好其愚癡煩惱之病一樣。具有大智慧諸佛教化各種外道之徒，除去他們的常見，領悟一切諸法都隨心念相續生起和消亡，哪有一種心識是恆常不變啊。就像那位醫生，教病人經常吃山雞肉才能治好病一樣。佛也是如此，教化眾生，使他們領悟世間一切事物都有壞滅，所以不是恆久不變的，壞滅後續之以生，所以不是斷滅的，這樣就能除去執著於諸法常住不滅的錯誤。

伎兒著戲羅剎服共相驚怖喻

【題　解】對一些超驗的神奇怪異現象，如果真能排除干擾，客觀的認真查證，往往不難破解。可是，人們往往道聽塗說，人云亦云，甚而無意識的加以補充、潤色，使之愈傳愈奇，愈演愈烈，形成三人成市虎效應，危害極大。《荀子・解蔽》講了一個類似故事。有個叫涓蜀梁的人，又愚昧又膽小。一天，他在月夜裡走路，低頭看見自己的影子，以為是鬼伏地上；抬頭看見自己的頭髮，以為是鬼立在面前；於是轉身狂奔，到家時累得斷氣身亡。在現代社會，雖然科學文明高度發達，類似的現象仍然會碰到，這就要破除迷信，用經驗和理性加以鑑別，不可隨人短長，作出相類的害人害己蠢事。

昔乾陀衛國[1]有諸伎兒[2]，因時飢儉[3]，逐食他土。經婆羅新山[4]，而此山中素饒惡鬼，食人羅剎[5]。時諸伎兒會宿山中。山中風寒，然火而臥。伎人之中有患寒者，著彼戲衣羅剎之服，向火而坐。時行伴中從睡寤[6]者，卒見火邊有一羅剎，竟不諦觀[7]，捨之而走。遂相驚動，一切伴侶悉皆逃奔。時彼伴中著羅剎衣者，亦復尋逐，奔馳絕走❽。諸同行者，見其在後，謂欲加害，倍增惶怖，越度山河，投赴溝壑，身體傷破，疲極委頓，乃至天明，方知非鬼。

一切凡夫，亦復如是。處於煩惱，飢儉善法，而欲遠求常樂我淨❾無上法食，便於五陰之中橫計於我。以我見❿故，流馳生死，煩惱所逐，不得自在，墜墮三塗惡趣溝壑。至天明者，喻生死夜盡，智慧明曉，方知五陰無有真我。

【注釋】❶乾陀衛國　古印度國名。在北印度境內，喀布爾河沿岸。又作健陀羅，為梵文音譯，意譯為香遍國。言此國遍生多香氣之花而得名。❷伎兒　古代歌舞百戲藝人之統稱。❸飢儉　因災荒而食物匱乏。❹婆羅新山　山名，所在不詳。❺羅剎　佛經中惡鬼之通稱。本為古印度土著民族之名，雅利安人入侵後誣為凶惡可畏者，遂成惡名。據說其男子黑身朱髮綠眼，其女子能變美女迷人。能食人血肉，飛空地行，迅捷可畏。❻睡寤　睡醒。❼諦觀　仔細觀察。❽絕走　快速奔跑。絕，極度。走，跑。❾常樂我淨　達到涅槃的四種德性。即涅槃是永遠的（常），充滿安樂的（樂），表現真實自我的（我），清淨無染汙的（淨）。也就是佛教追求的最高境界。❿我見　執著自我為實體而起之錯誤見解。即認為生命中有常一而能作主宰的自我，有永恆不變的主體，不明自我乃肉體與精神諸要素（五蘊）的集合，本無自性，是不斷生滅的。

【語　譯】從前乾陀衛國有一群江湖藝人，因當時鬧災荒食物匱乏，就到外地去謀求生計。途經婆羅新山，而此山中常有許多惡鬼和吃人的羅刹。當時這群藝人剛好在此山中夜宿。山中寒風凜冽，他們燃起一堆火，在火邊睡下。藝人中有一位害怕寒冷者，穿上他裝扮羅刹鬼的戲裝，面向火堆坐著。這時有位同伴從睡夢中醒來，突然看見火堆旁有一羅刹鬼，他也沒有仔細察看，丟下大伙就跑開了。於是互相驚動，所有伙伴全都跟著逃跑。這時那位穿羅刹服的伙伴也跟在大家後面追趕，奔跑得極為快速。伙伴們見他緊跟在後，以為要加害他們，更加驚慌恐懼，翻山越河奔逃，有的掉到深溝山澗中，把身體摔傷，個個疲憊困頓已極，一直逃到天亮，才弄清楚不是鬼。

世間一切凡夫也是這樣。他們處在煩惱纏繞中，對佛法所知甚少，卻想遠求常樂我淨至高無上妙法，便把五蘊集合之身硬說成為真我。由於執著我見之故，而陷於生死輪迴中流轉奔馳，為種種煩惱所追逐，不能使內心擺脫煩惱而得自由自在，墮落在地獄、餓鬼、畜牲三惡道之溝壑中。所說到達天明，比喻生死輪迴長夜已到盡頭，佛教智慧已得明曉，這時才知道五蘊集合之身不是真我。

人謂故屋中有惡鬼喻

【題　解】自稱膽大的兩個人，都沒有消除有鬼的觀念，口說不怕，心中已存怯意。這種觀念在特定的氛圍和條件下，便演化成以人為鬼，角鬥不休的場面，鬧出大笑話。可見，破除迷信的前提是自己信念堅定，只有自己心中無鬼，才能科學地破解一切所謂鬼事。

昔有故屋，人謂此室常有惡鬼，皆悉怖畏，不敢寢息。時有一人，自謂大膽，而作是言：「我欲入此室中，寄臥一宿。」即入宿止。後有一人自謂膽勇勝於前人，復聞傍人言此室中恆有惡鬼，即欲入中。排門❶將前，時先入者謂其是鬼，即復推門，遮不聽前。在後來者復謂有鬼。二人鬪諍，遂至天明。既相覩已，方知非鬼。

一切世人亦復如是。因緣暫會，無有宰主，一一推析，誰是我者？然諸眾生橫計是非，強生諍訟，如彼二人等無差別。

【注釋】❶排門 推門。排，推擠。

【語譯】從前有一所老房子，人們傳說房子裡常有惡鬼出沒，都很害怕，不敢在裡面居住。當時有一個人，自稱膽子大，他這樣說：「我要進入這所房子裡，寄住一個晚上。」說完就進去住宿了。隨後又有一個人，自稱膽量勇力勝過前人，也聽旁人說此房中常有惡鬼，就想進去入住。他推門將要進去，這時先進去的那個人以為是惡鬼來了，就用力在內推門，阻止他進來。後來的這個人也認為房裡有鬼。兩個人角力爭鬥，一直鬧到天亮，等到二人都看清對方，才知道不是鬼。

所有世上人，也都是這樣。一切事物都是因緣和合的暫時存在，沒有什麼主宰，一一進行推斷分析，哪個是永恆真實的自我呢？然而眾生偏要去計較是非，強行爭辯不休，就同前面那兩個人一樣，沒有差別。

五百歡喜丸喻

【題　解】《老子》有言：「禍兮福所倚，福兮禍所伏。」世上因禍得福、由福轉禍之類事例，所在皆有，這反映禍福相互包含、相互轉化的辯證規律。但轉化是有條件的，不是隨意的。只有認識和把握這一規律，努力創造條件，推進有益的轉化，防止無益的轉化，才是積極而有價值的。絕不能守株待兔似的消極等待，迷信人算不如天算，聽從命運擺布，那就會陷入宿命論的泥坑，喪失人的獨立性和創造精神。

昔有一婦，荒婬無度，欲情既盛，嫉惡其夫。每思方策，頻欲殘害。種種設計，不得其便。會值其夫聘使鄰國。婦密為計，造毒藥丸，欲用害夫。詐語夫言：「爾今遠使，慮有乏短。今我造作五百歡喜丸❶，用為資糧，以送於爾。爾若出國，至他境界，飢困之時，乃可取食。」夫用其言，至他界已，未及食之，於夜闇中，止宿林間，畏懼惡獸，上樹避之，其歡喜丸忘置樹下。即以其夜，值五百偷賊，盜彼國王五百疋馬，并及寶物，來止樹下。由其逃突，盡皆飢渴，於其樹下，見歡喜丸，諸賊取已，各食一丸。藥毒氣盛，五百群賊，一時俱死。時樹上人至天明已，見此群賊死在樹下，詐以刀箭斫射死屍，收其鞍馬，并及財寶，驅向彼國。時彼國王，多將人眾，案跡來逐，會於中路，值於彼王。彼王問言：「爾是何人？何處得馬？」其人答言：「我是某國人，而於道路值此群賊，共相斫射，五百群賊今皆一處死在樹下。由是之故，我得此馬，及以珍寶，來投王國。若不見信，可遣往看賊之瘡痍❷殺害處所。」王時即遣親信往看，果如其言。王時欣然，歎未曾有。既還國已，厚加爵賞，大賜珍寶，封以聚落。彼王舊臣，咸生嫉妒而白王言：「彼是遠人，未可服信，如何卒爾寵遇過厚，至於爵賞，踰越舊臣？」遠人聞已，而作是言：「誰有勇健，能共我試？請於平原校其伎能。」舊人愕然，無敢敵者。

後時彼國大曠野中，有惡師子，截道殺人，斷絕王路。時彼舊臣，詳共議之：「彼遠人者，自謂勇健，無能敵者，今復若能殺彼師子，為國除害，真為奇特。」作是議已，便白於王。王聞是已，給賜刀杖，尋即遣之。爾時遠人既受勅已，堅強其意，向師子所。師子見之，奮激鳴吼，騰躍而前，遠人驚怖，即便上樹。師子張口，仰頭向樹。其人怖急，失所捉刀，值師子口，師子尋死。爾時遠人歡喜踊躍，來白於王，王倍寵遇。時彼國人卒爾敬服，咸皆讚歎。

其婦人歡喜丸者，喻不淨施❸。王遣使者，喻善知識❹。至他國者，喻於諸天❺。殺群賊者，喻得須陀洹，強斷五欲，并諸煩惱。遇彼國王者，喻遭值賢聖。國舊人等生嫉妒者，喻諸外道，見有智者，能斷煩惱，及以五欲，便生誹謗，言無此事。遠人激厲而言舊臣無能與我共為敵者，喻於外道無敢抗衡。殺師子者，喻破惡魔❻。既斷煩惱，又伏惡魔，便得無著道果❼封賞。每常怖怯者，喻能以弱而制於強。其於初時雖無淨心，然彼其施遇善知識便獲勝報。不淨之施，猶尚如此，況復善心歡喜布施。是故應當於福田所勤心修施。

【注釋】❶歡喜丸　又名歡喜團，一種餅名，麵粉加蜜糖、香料及葡萄、胡桃、石榴等製成。❷瘡痍　創傷。❸不淨施　布施之一種。從主觀動機上區分，布施有二類：一為淨施，不求世間之名譽、福利等回報，全出善念，以清淨心施之。二是心地不潔淨，為求福報而行之布施，即是不淨施。❹善知識　聽聞佛教正法，知識廣博，智能出眾的人。參見〈醫與王女藥令卒長大喻〉注。❺諸天　指欲界六天、色界十八天、無色界四天等天界及其天神。❻惡魔　障礙佛道、與佛法為敵諸鬼神之總稱。❼無著道果　阿羅漢果之古譯。為佛教聲聞四果之最高果位。

【語譯】從前有一個婦人，荒淫無度，情欲特別旺盛，又很憎惡自己的丈夫，常常想方設法，要謀害其夫，但種種謀劃，都未得機會實施。恰巧碰到其夫受命去鄰國訪問，婦人祕密設下一計，做一些毒藥丸，想以此來害死丈夫。她欺騙丈夫說：「你現在要去遠方作使者，擔心你路上食物短缺，我作了五百個歡喜丸，送給你用作乾糧。你如走出國境，到別國界內，遇飢餓之時，才可以取出食用。」丈夫聽從她的話，到別國境內，未來得及食用，天已經黑了。他在樹林中夜宿，害怕野獸傷害，爬到樹上躲避起來，而把歡喜丸忘在樹下面。就在那天夜裡，碰巧有五百個盜賊，偷了那國國王五百馬匹，還有寶物，來到樹下停留。由於匆忙逃走，每個人都又渴又餓，在樹下發現了歡喜丸，群賊將其全部拿去，每人分吃一個。丸中藥毒性極強，五百盜賊一會兒都被毒死。躲在樹上的人到天亮時，發現一群盜賊死在樹下，就假意用刀箭砍射這些死屍，收去他們的鞍馬和財寶，驅趕馬匹向那個國家的京城進發。這時那國國王率領許多人馬按蹄跡追蹤至此，在半路上此人和國王一行人相遇了。國王問他：「你是什麼人？從哪裡得到的馬匹？」這人回答：「我是某某國家之人，在路上遇到這群盜賊，我和他們相互砍殺激射，五百盜賊都被殺死在樹下。因此之故，我得到這些馬匹，還有珍寶，攜來投奔國王。如果不相信，可派人前往殺賊處驗看盜賊之創傷。」國王馬上派親信之人前往察看，果然和他說的完全一樣。國王很高興，讚歎這是從未有過的事。回到京城後，國王獎賞他很高的爵位和俸祿，賜給許多珍寶，還封給他一個村落為領地。國王舊臣對此都心生嫉妒，他們對國王說：「他是遠方來的人，不可過分信任，怎麼可以突然尊崇過度，以至於使他的爵祿賞賜超過了許多舊臣。」外來人聽了後這樣說道：「誰有勇氣，能和我比試一下，請到平坦寬敞場地，與我較量一下技藝。」舊臣們聽後都很驚懼，沒有一個敢應戰者。

後來，這個國家的大曠野中出現一頭凶猛的獅子，攔路撲殺行人，阻斷通行。這時該國舊臣聚在一起詳細商議此事，認為：「那位遠來之人，自稱勇猛強健，無人能敵，現在如果能再殺死那頭獅子，為國家除害，那才真是奇特之事。」商議完之後，便去告知國王。國王聽過之後，就賜給那人利刀和棍棒，隨即派他前往除掉獅子。那人接受國王的命令，鼓起勇氣，去至獅子出沒之地。獅子看見他，憤怒吼叫，跳躍著向他撲來，這人驚恐之極，立刻爬到樹上去。獅子張開大口，仰起頭朝樹上望。這人嚇壞了，失手掉下握在手裡的刀，這刀正好掉進獅子口中，獅子馬上被刺死了。當時那人歡呼跳躍，回來報告國王，國王對他更加尊寵。那個國家的人終於敬服他，對他大加稱頌。

那婦人所做歡喜丸，比喻心地不潔淨的布施。國王派那人作使者，比喻聽聞佛教正法者。到別國去，比喻前往諸天界。殺死群賊，比喻佛教聲聞乘的初果，能斷除五種貪欲，並斷除各種煩惱。遇到別國國王，比喻遇到聖賢。那國舊臣產生嫉妒之心，比喻各種外道之徒，他們見有智者能斷除煩惱和五種貪欲，便生出誹謗之言，說沒有這樣事。殺死獅子，比喻破除與佛法為敵之邪惡鬼神。既斷除煩惱，又降伏惡魔，便可得到佛教聲聞乘之最高果位——阿羅漢果的封賞。

口誦乘船法而不解用喻

【題　解】理論方法是前人實踐經驗的積累和總結，對後人有指導借鑑作用，但必須經過實踐才能把前人成果變成自己的知識，達到運用自如的真本領。可是，有些人滿足於記誦文字、條文，不重實際應用，講起空道理頭頭是道，無人能及，運用起來則捉襟見肘，百無一能。此類紙上談兵者古今中外皆有，遺害無窮。戰國時之趙括，三國時之馬謖，同本文中之富家子一樣，他們的教訓都會給人深刻啟示。

昔有大長者子，共諸商人入海採寶。此長者子善誦入海捉船❶方法。

若入海水漩洑洄流磯激❷之處，當如是捉，如是正，如是住。語眾人言：「入海方法，我悉知之。」眾人聞已，深信其語。既至海中，未經幾時，船師遇病，忽然便死。時長者子即便代處。至洄洑駛流❸之中，唱言當如是捉，如是正。船盤迴旋轉，不能前進，至於寶所。舉船商人沒水而死。

凡夫之人，亦復如是。少習禪法，安般數息❹，及不淨觀❺。雖誦其文，不解其義。種種方法，實無所曉，自言善解，妄授禪法，使前人迷亂失心，倒錯法相❻，終年累歲空無所獲。如彼愚人使他沒海。

【注釋】❶捉船　掌舵駕船之意。捉有握持、操持義。❷漩洑洄流磯激　漩，迴旋水流；旋渦。洑，潛流；暗流。洄流，逆流。磯激，急流沖激水中大石，濺起騰湧浪花。磯，水邊石灘或突出水流的大石，此當指礁石。❸洄洑駛流　急流中有旋渦暗流。❹安般數息　安般，梵文阿那波那略譯，意譯為數息。數息，即數息觀，為修習禪定的一種方法。通過念想呼出吸入之鼻息，使心安定專注，以領悟佛教智慧。三國時吳國高僧康僧會將此法概括為四禪：一禪，將意念集中於數一至十的呼吸次數，以排除雜念干擾。持續三天為小定，七天為大定。二禪，將十去八，專注一呼一吸。三禪，再除其一，凝注鼻頭一點，稱止。至此已去三毒、四取、五蘊、六冥諸穢，使心明亮耀眼。四禪，反觀自身，見體內各種不淨，再觀萬物之緣起性空，即可收攝心念，達於解脫。❺不淨觀　見〈治鞭瘡喻〉注。❻法相　佛學術語。指宇宙萬事萬物，其性雖一，其相則殊。其外在可見之殊別相，稱為法相。倒錯法相即指執著萬事萬物之殊別相，以為實有，而不解其性為一為空，是為以妄為真，以虛為實，是非顛倒之見。

【語　譯】從前有一位大富翁的兒子，同一群商人到海上去採珍寶。這位富翁之子善於背誦入海駕船的方法。譬如入海後遇到旋渦、暗流、逆流和有礁石處，應當如何掌舵、如何撥正方向、如何停船之類。他對眾人說：「入海駕船的方法，我都知道。」眾人聽後，對他的話深信不疑。船入海後，沒有過多久，船師得了急病，突然死去。這時，富翁的兒子就替代他的職位。船行至有旋渦潛流的急流中，他拖長聲音高喊，應該這樣掌舵，應該這樣撥正方向。可是船依然在旋渦裡打轉，不能前進到有珍寶的地方。最後，全船商人都掉入水中淹死了。

世間凡夫也是這樣。稍微學習一點禪法，數息安神方法，以及不淨觀法。只是能背誦文字，並不領悟其本義。對於修習禪定的種種方法，實際上並不知曉，卻自稱善解禪法，胡亂向人傳授禪法，使前來學法之人迷亂而失其本心，執著法相為實有而不解其性空，雖年復一年的學法，卻一無所獲。如同那位愚癡之人，連累全船人沉沒海底。

夫婦食餅共為要喻

【題　解】古語云：「貪小利則大事不成」，很有深意。因為貪小利之人把全部心思都關注在小利上，對大事則視而不見，聽而不聞，所謂一葉障目，不見泰山也。這種人不能把小利放在全局中進行思考、權衡，擺正其位置；而是只見樹木，不見森林，把小利看得高於一切，像那位蠢丈夫，目中只有一只餅，財產被偷，妻子受辱，全比不上一只餅重要，這樣的人怎麼能辨成大事呢！

昔有夫婦，有三番❶餅，夫婦共分，各食一餅。餘一番在，共作要❷言：「若有語者，要不與餅。」既作要已，為一餅故，各不敢語。須臾有賊，入家偷盜，取其財物，一切所有盡畢賊手。夫婦二人以先要故，眼看不語。賊見不語，即其夫前，侵略其婦。其夫眼見，亦復不語。婦便喚賊，語其夫言：「云何癡人，為一餅故，見賊不喚。」其夫拍手笑言：「咄！婢，我定得餅，不復與爾。」世人聞之，無不嗤笑。

凡夫之人亦復如是。為小名利故，詐現靜默，為虛假煩惱種種惡賊之所侵略，喪其善法，墜墮三塗❸，都不怖畏。求出世道，方❹於五欲，耽著嬉戲，雖遭大苦，不以為患，如彼愚人等無有異。

【注　釋】❶番　量詞。只；枚。❷要　約定。❸三塗　參見〈殺商主祀天喻〉注。❹方　放；放縱。

【語　譯】從前有一對夫婦，家裡有三只餅，兩人分著吃，各吃一餅。還餘下一只，兩人相互約定說：「如果誰先說話，就不給他這只餅。」作完約定後，為得到剩下那只餅，兩人都不敢說話。過一會兒，有個小偷入室行竊，把財物拿去了，所有其他東西也都落入賊手。夫妻二人因為事先有約定，眼看著賊偷東西也不肯說話。賊見二人不言語，就在丈夫面前侵犯他的妻子。丈夫見了，還是不肯說話。妻子便大喊有賊，並對丈夫說：「你是這麼愚蠢的人，為了一只餅，看見小偷行竊也不吭聲。」丈夫拍手大笑說：「哈哈！蠢女人，我肯定得到那只餅，不再給你了。」世人聽了這故事，沒有不譏笑他的。

世間凡夫也是這樣。為了得到小名小利，偽裝成虛靜沉默的樣子，實際上仍被虛假煩惱種種惡賊所侵擾，喪失通往解脫的好方法，墮落到地獄、畜牲、餓鬼三惡道中，全不知道畏懼。想要求得出世的大道，而放縱於貪戀五欲，沉迷於聲色玩樂，雖遭大苦難，也不以為有害，和那個愚癡之人沒有兩樣。

共相怨害喻

【題　解】俗話說：冤仇宜解不宜結，冤冤相報何時了。與人結下仇怨，應當根據不同性質，採取不同方式化解，或不必在意，或大事化小，或請人調解，或訴諸法律等等，切不可意氣用事，好勇鬥狠，採取兩敗俱傷甚至同歸於盡的極端手段，如那些搞自殺式爆炸襲擊之類。那樣做既損人又害己，破壞了維護社會生存的準則、規範，其危害是極為慘烈的。

昔有一人，共他相瞋，愁憂不樂。有人問言：「汝今何故愁悴如是？」即答之言：「有人毀我，力不能報。不知何方可得報之，是以愁耳。」有人語言：「唯有毗陀羅呪❶可以害彼。但有一患，未及害彼，返自害己。」其人聞已，便大歡喜：「願但教我。雖當自害，要望傷彼。」

世間之人亦復如是。為瞋恚故，欲求毘陀羅呪，用惱於彼。竟未害他，先為瞋恚，反自惱害，墮於地獄畜生餓鬼。如彼愚人等無差別。

【注釋】❶毗陀羅呪　古代西土一種害人的咒語。毗陀羅，又作迷怛羅，意譯為起屍鬼。傳說此咒語可使死屍興起，奉命去殺人。但如果被殺者修習禪定，有慈心，有天神護持，則不能害，反會害死作法者。

【語譯】從前有一個人，與別人結了仇，常常鬱悶不樂。有人問他：「你現在為什麼愁苦成這個樣子？」他回答說：「有人傷害過我，我無力報仇。不知道用什麼方法可以復仇，為此而愁苦。」有人對他說：「只有使用毗陀羅咒語可以害他。只是有一點令人擔憂，如果不能害死仇人，反過來就會害死自己。」這人聽後，非常高興說：「求你教會我吧。只要有望害死仇人，雖自己受害也樂於承當。」

世間之人也是這樣。因與人結仇怨，就想學會毗陀羅咒語，用以傷害別人。結果未害成別人，先增三毒煩惱，反害自身墮入地獄、畜牲、餓鬼三惡道中。如同那個愚癡之人，沒有什麼差別。

效其祖先急速食喻

【題解】對前人的經驗、成果，要有比較鑑別的目光和批判精神，不能迷信盲從，亦步亦趨，也不可一概否定，棄如糞土。正確的態度是吸收、繼承和發展其精華部分，批判和揚棄那些糟粕部分，這樣才能推進社會的發展和進步。否則的話，社會就會停滯不前，不但不會有現代社會的高度物質文明和精神文明，甚至可能尚未走出山洞，脫下獸皮，還過著茹毛飲血的生活。

昔有一人，從北天竺❶至南天竺。住止既久，即聘其女共為夫婦。時婦為夫造設飲食，夫得急吞，不避其熱。婦時怪之，語其夫言：「此中無賊劫奪人者，有何急事，悤悤乃爾，不安徐食？」夫答婦言：「有好密事，不得語汝。」婦聞其言，謂有異法，慇懃❷問之。良久乃答：

「我祖父已來，法常速食。我今效之，是故疾耳。」

世間凡夫亦復如是。不達正理，不知善惡，作諸邪行，不以為恥，而云我祖父已來，作如是法。至死受行，終不捨離。如彼愚人，習其速食，以為好法。

【注　釋】❶天竺　印度之古稱。❷慇懃　同「殷勤」。情意懇切。

【語　譯】從前有一個人，從北印度來到南印度。在那裡居住久了，就娶一位當地女子結為夫婦。每次妻子為丈夫做好飯，丈夫接過來就匆忙吞下，也不怕燙著。妻子覺得很奇怪，就對丈夫說：「這裡也沒有盜賊搶奪人食物，你有什麼急事，這樣匆匆忙忙的，不能安心的慢慢吃嗎？」丈夫回答說：「有極大的祕密，不能告訴你。」妻子聽了這話，以為有什麼奇異法術，情意懇切的一再追問。過了好大一會兒，丈夫才回答說：「從祖父開始，我家人吃飯通常都是這樣快，我現在是仿照他們的方法，所以吃得很快。」

世間凡夫也是這樣。他們不通達佛教正理，不知曉什麼是善，什麼是惡，做下種種邪惡之事，也不以為羞恥，反而說從祖父開始，就是這樣幹的。一直到死遵照實行，始終不肯捨棄。如同那個愚癡之人，習慣於快速進食，還以為是好方法。

嘗菴婆羅果喻

【題　解】水果的口味如何，嘗一二個就知道了，這種簡單的推理方法是行之有效的，也被廣泛應用為價值判斷的依據。不懂得這個道理，就是不懂得個別與一般、部分與整體的辨證關係，將在實踐活動中寸步難行。試想，如果故事中的蠢人作了水果批發商，面對堆積如山的水果，恐怕只能望著果山而不知所措了。

昔有一長者，遣人持錢至他園中，買菴婆羅果❶而欲食之，而勅之言：「好甜美者，汝當買來。」即便持錢往買其果。果主言：「我此樹果悉皆美好，無一惡者。汝嘗一果，足以知之。」買果者言：「我今當一一嘗之，然後當取。若但嘗一，何以可知？」尋即取果一一皆嘗，持來歸家。長者見已，惡而不食，便一切都棄。

世間之人亦復如是。聞持戒施得大富樂，身常安隱，無有諸患，不肯信之，便作是言：「布施得福，我自得時然後可信。」目覩現世貴賤貧窮，皆是先業所獲果報，不知推一以求因果，方懷不信，須己自經。一旦命終，財物喪失，如彼嘗果，一切都棄。

【注　釋】❶菴婆羅果　芒果。菴婆羅，又稱阿末羅，梵文音譯，意譯為奈樹、難分別樹，即芒果樹。

【語　譯】從前有一位長者想要吃芒果，就派人帶著錢到別人果園中去買，並吩咐說：「味道特別甜美的，你就買回來。」這人便帶著錢前往果園去買芒果。果園主人說：「我這樹上的果子都是上好的，沒有一個味道不好，你嘗一個就知道了。」買果者說：「我現在要一個一個品嘗，然後再買。如果只嘗一果，怎麼能知道其餘果子的好壞呢？」隨後他就取果子一一品嘗，然後帶回家中。長者見了這些被咬過的果子，感到厭惡而不肯吃，最後全部扔掉了。

世間之人也是這樣。聽說持戒、布施能得大富大樂，保自身常久安穩，不遭遇各種災禍，不肯相信，而這樣說：「布施可以得到福報，我要在得到福報後才相信。」他們親眼目睹現世人生中之貴賤貧窮，都是先前造業所獲得之果報，卻不知由此類推出它們的因果關聯。當心存疑慮時，一定要由自身經歷作出鑑別。一旦生命結束，財物也隨之喪失，就像一一嘗果子，最後全部丟棄一樣。

為二婦故喪其兩目喻

【題　解】《論語・學而》言：「信近於義，言可復也。」《孟子・離婁》言：「大人者，言不必信，行不必果，唯義所在。」就是說，守信固然重要，而比守信更重要的是道義，只有合乎道義的信，才應始終執守不動搖。如果不合道義，甚至違背道義，就該變通修正，不該一味死守。中國古代有個故事，講尾生與女子相約會於橋下，女子未至而河水上漲，尾生守信不肯離去，抱柱淹死水中。這與本篇那位死心眼的丈夫同類，只知盲目守信，不懂得信與義結合才有價值。

昔有一人，聘取二婦。若近其一，為一所瞋，不能裁斷。便在二婦中間正身仰臥。值天大雨，屋舍淋漏，水土俱下，墮其眼中。以先有要，不敢起避，遂令二目俱失其明。

世間凡夫亦復如是。親近邪友，習行非法，造作結業❶，墮三惡道，長處生死，喪智慧眼❷。如彼愚夫，為其二婦故，二眼俱失。

【注　釋】❶結業　因煩惱妄惑所造之惡業。結，為束縛義，亦為煩惱異名。煩惱束縛身心，障礙解脫，故稱結。❷智慧眼　能觀照諸法本質、實相之直覺功能，非指直觀視物之肉眼。智慧，指般若智慧，為一種心的作用，即照見事理，判別是非、邪正，特別是觀照諸法緣起性空，無自性、自體的功能作用。

【語　譯】從前有一個人，娶了兩個妻子。他如果親近其中之一，就會為另一位所怨恨，他不能作出決斷，便在兩位妻子中間端端正正仰面躺著。正遇上天降大雨，屋舍被澆壞而漏雨，雨水和泥沙齊往下掉，落到他的眼中。因為事先有約定，他不敢起身躲避，終於使兩隻眼睛都失明了。

世間之人也是這樣。親近奸邪之友，習行非法之事，造作成惡業，墮入地獄、餓鬼、畜牲三惡道，長久處於生死流轉中，喪失觀照諸法本質實相之智慧眼。如同那位愚癡之夫，為了不得罪二位妻子，使兩隻眼睛都失明了。

唵米決口喻

【題　解】人非聖賢，孰能無過。犯了錯誤勇於承認，接受批評，誠心改正，則能因禍得福，善莫大焉。反之，對錯誤百般掩飾，諱疾忌醫，則會愈抹愈黑，積小過至大惡，終於不可收拾。劉向《新序》講了一個故事：扁鵲見齊桓侯，告訴說，君有病在皮下，不治會深入，桓侯不承認。過十天，扁鵲又見，告訴說病已深入肌膚，桓侯仍不聽。又過十天再見，告知病在腸胃，不治還要深入，桓侯很生氣。再過十天，扁鵲見桓侯，反身逃走，因病已入骨髓，無法醫治。果然，五天後桓侯身痛而死。含米口中如病在皮下，去之甚易，如任其發展，則引來剖嘴巴之禍，不可不警惕也。

昔有一人，至婦家舍，見其擣米❶，便往其所，偷米唵❷之。婦來見夫，欲共其語。滿口中米，都不應和。羞其婦故，不肯棄之，是以不語。婦怪不語，以手摸看，謂其口腫，語其父言：「我夫始來，卒得口腫，都不能語。」其父即便喚醫治之。時醫言曰：「此病最重，以刀決之，可得差耳。」即便以刀決破其口，米從中出，其事彰露。

世間之人亦復如是。作諸惡行，犯於淨戒❸，覆藏其過，不肯發露，墮於地獄畜生餓鬼。如彼愚人，以小羞故，不肯吐米，以刀決口，乃顯其過。

【注　釋】❶擣米　舂米。擣，亦作搗。❷唵　含也。此言以手抓米放入口中，未及吃下去，見其妻來，只好含在口中。❸淨戒　佛所制定的清淨戒行。

【語　譯】從前有一個人，到妻子的娘家去，知妻子在舂米，就到舂米之處，抓了一把米放入口中。妻子來見丈夫，要和丈夫說說話。丈夫滿嘴都是米，沒法應答。又怕妻子笑話，不好意思把米吐掉，所以閉嘴不語。妻子奇怪丈夫怎麼不說話，就用手摸他的臉，以為是嘴腫了，就對父親說：「我丈夫剛來，突然得了嘴腫之疾，連話都不能說了。」她的父親立刻請醫生來治療。醫生看後說：「這病很重，要用刀把嘴巴劃開，才可以治好。」接著就用刀割開嘴巴，米從口中掉出來，此事才顯露真相。

世間之人也是這樣。做了許多惡事，違犯了清淨戒行，卻把罪過隱藏起來，不肯揭露改正，結果墮入地獄、餓鬼、畜牲三惡道中。就像那位愚癡之人，因為害怕小的羞恥，不肯吐掉口中米，而被用刀割開嘴巴，還是顯露其過失。

詐言馬死喻

【題　解】故事主角說謊的本領實在太拙劣，被人當場戳穿，弄了個張口結舌，無言以對，大出其醜。當代人說謊造假的本事要高明得多，決不會被輕易識破，其成功率之高，膽量之大，都要勝過前人。但是，魔高一尺，道高一丈，再高明的騙術也要留下破綻，狐狸尾巴總要露出來，遲早會被揭穿，落個可恥下場。

昔有一人，騎一黑馬入陣擊賊。以其怖故，不能戰鬪，便以血汙塗其面目，詐現死相，臥死人中。其所乘馬為他所奪。軍眾既去，便欲還家，即截他人白馬尾來。既到舍已，有人問言：「汝所乘馬，今為所在？何以不乘？」答言：「我馬已死，遂持尾來。」傍人語言：「汝馬本黑，尾何以白？」默然無對，為人所笑。

世間之人亦復如是。自言善好，修行慈心❶，不食酒肉。然殺害眾生，加諸楚毒❷。妄自稱善，無惡不造。如彼愚人詐言馬死。

【注釋】❶慈心　慈悲心，為佛陀對眾生的平等關愛之心。慈，是把快樂帶給眾生。悲，是拔除眾生的苦惱。

❷楚毒　泛指摧殘身體的種種苦刑。

【語譯】從前有一個人，騎一匹黑馬上陣參戰。因為膽小害怕，他不敢和敵人交戰，就用血汙塗在臉上，裝作死人的樣子，躺在死屍堆中。他所騎的馬也被別人搶走了。等軍兵撤去之後，他想要回家去，便割下別人白馬的尾巴帶回。到家之後，有人問他：「你所騎的馬現在在哪裡？為什麼不騎回來？」他回答說：「我的馬已經死了，我把牠的尾巴帶回來了。」旁邊的人說：「你的馬本是黑色的，帶回來的尾巴怎麼是白色？」這人無言以對，被眾人嘲笑一通。

世間之人也是這樣。自稱好行善，修行慈悲之心，不喝酒不吃肉。然而卻殘害眾生，對他們施以種種苦刑。他們妄稱行善，實則無惡不作。就像那個愚癡之人謊稱馬死一樣。

出家凡夫貪利養喻

【題解】一些身居高位者，常常習慣於在上面發號施令，以為把政令規章制定出來，須布下去，就盡了自己的職責，下面的人自會遵照執行，收到預期的效果。殊不知上有政策，下有對策，古今如此。那些投機者不用勞心費力去做事，只需把官樣文章做大做巧，騙取上司歡心，就能撈到一切好處。不過，若是碰到一位善納忠言、察言觀行的上司，這種人就遇上剋星了，自認倒霉吧。

昔有國王，設於教法。諸有婆羅門等，在我國內，制抑❶洗淨。不洗淨者，驅令策使種種苦役。有婆羅門，空捉澡罐，詐言洗淨。人為著水，即便瀉棄，便作是言：「我不洗淨，王自洗之。」為王意故，用避王役，妄言洗淨，實不洗之。

出家凡夫亦復如是。剃頭❷染衣❸，內實毀禁。詐現持戒，望求利養，復避王役。外似沙門，內實虛欺。如捉空瓶，但有外相。

【注　釋】❶制抑　即抑制、強制之意。❷剃頭　剃掉頭髮。為印度修行者之習俗，他們認為頭髮是煩惱的象徵。❸染衣　把衣服染成赤褐色，為印度教僧團所制定之法衣，即通常所稱之袈裟。袈裟為梵文音譯，染衣為意譯。

【語　譯】從前有一位國王，制定一條法規：所有居住國內的婆羅門教眾，要強制他們把身子清洗乾淨，不能清洗乾淨的，就用鞭子趕他們去服各種苦役。有一個婆羅門，提一只空澡罐，偽稱自己已經洗乾淨了。有人幫他往罐中加水，他就把水倒掉，還這樣說：「我不用清洗，國王自會認為我已清洗乾淨了。」他只是為了使國王滿意，用以逃避國王的苦役，妄稱已經洗淨，實際上根本沒有洗過。

有些出了家的俗人也是這樣的。他們剃光頭髮，穿上法衣，內心裡仍在毀棄禁戒。表面偽裝持守戒律，是希望求得供養，又能逃避國家的差役。外表看像個出家修行者，內心裡虛偽欺詐。就像提個空澡瓶不用，徒有表相而已。

駝甕俱失喻

【題　解】一個難題出來，可以開動腦筋，集思廣益，提出許多解決方案。但在對眾多方案的揀選中，要牢記一個基本原則，就是減少損失，作到多贏。合乎這個目標則可取，背離這個目標則可棄。解決本文難題的最佳方案應當是既保住駱駝，又使罈子不破。次之則是犧牲罈子，保全駱駝。應該堅決拋棄的是殺死駱駝又摔破罈子，卻被故事中的蠢人採用。人們常說當局者迷，一旦迷失目標，又受人蠱惑，就會幹出兩敗俱傷的蠢事。

昔有一人，先甕中盛穀。駱駝入頭甕中食穀，復不得出。既不得出，以為憂惱。有一老人來語之言：「汝莫愁也，我教汝出。汝用我語，必得速出。汝當斬頭，自得出之。」即用其語，以刀斬頭。既復殺駝，而復破甕。如此癡人，世間所笑。

凡夫愚人亦復如是。希心菩提❶，志求三乘❷，宜持禁戒，防護諸惡。然為五欲毀破淨戒。既犯禁已，捨離三乘，縱心極意，無惡不造，乘及淨戒二俱捐捨。如彼愚人駝甕俱失。

【注釋】❶菩提　梵文音譯，意譯為覺、智等。《成唯識論述記》一：「梵云菩提，此翻為覺，覺法性故。」佛教把斷除一切煩惱，而證得涅槃的最高智慧稱為菩提。❷三乘　乘，為乘載，譬喻佛法能救度眾生出離苦海，達於佛境。三乘之一為聲聞乘，覺四諦之理而證阿羅漢果。之二為緣覺乘，又稱中乘、辟支佛乘。覺十二因緣之理而證辟支佛果。此二者為小乘，偏重出世修行，自身解脫。之三為菩薩乘，是為大乘。須經三祇百劫修行而證無上菩提。富入世精神，修六度萬行，化度眾生。三乘亦可理解為一種權法，即依不同根器眾生，運用不同接引方法，使之皈依佛法。從根本上說，三乘實為一乘。

【語　譯】從前有一個人，先在罈子裡放一些穀子。他的駱駝把頭伸入罈中吃穀子，被卡住出不來。駱駝頭不能出來，為此他非常憂愁煩惱。有一位老者來對他說：「你不必發愁，我教你弄出駱駝頭的辦法。你聽從我的話，一定能快速把駱駝頭弄出來。你把駱駝頭斬下來，自然就出來了。」這人就遵照老者的話，用刀把駱駝頭斬下來。這樣既殺死了駱駝，又摔破了罈子。如此愚癡之人，為世人所恥笑。

愚癡凡夫也是這樣。希望自心覺悟佛理，立志求得三乘佛果，應該持守佛教禁戒，防護自身不做各種惡事。然而因為貪戀五欲而毀棄清淨戒行。既違犯禁戒，捨棄三乘道果，便放縱情欲，無惡不作，使三乘道果和清淨戒行二者都失去了。如同那位愚癡之人，駱駝和罈子都失去了一樣。

田夫思王女喻

【題　解】凡事要從實際出發，量力而行，所立目標如跳高摘果子。果子應放在努力跳躍能達到的高度，如果太高，不管怎麼努力也達不到，目標就成了不能兌現的妄想。譬如一個優秀的跳高運動員，可以為自己定下二公尺多目標，如果定下八公尺，就會留下笑柄。本篇農夫要與國王漂亮女兒相好，即此類也。

昔有田夫，遊行城邑，見國王女，顏貌端正，世所希有。晝夜想念，情不能已。思與交通❶，無由可遂，顏色瘀黃❷，即成重病。諸所親見，便問其人：「何故如是？」答親里言：「我昨見王女，顏貌端正，思與交通，不能得故，是以病耳。我若不得，必死無疑。」諸親語言：「我當為汝作好方便，使汝得之，勿得愁也。」後日見之，便語之言：「我等為汝，便為是得。唯王女不欲。」田夫聞之，欣然而笑，謂呼必得。

世間愚人亦復如是。不別時節春秋冬夏，便於冬時擲種土中，望得果實。徒喪其功，空無所獲，芽莖枝葉一切都失。世間愚人，修習少福❸，謂為具足，便謂菩提已可證得。如彼田夫希望王女。

【注　釋】❶交通　交往。❷瘀黃　萎黃，病態，面無血色之狀。❸福　福業。有三種：由布施而來的施福業，由平等的慈悲心而起的平等福業，由思維真理而得的思維福業。修福即指修習此三種福業。

【語　譯】從前有一位農夫，到城裡遊玩，看見國王女兒容貌端莊美麗，世間少有。便日思夜想，其情無法自抑。想和她交往，又無門徑可通，為此面色萎黃，得了一場大病。諸位親友見了，就問他說：「為什麼變成這個樣子？」他回答說：「我昨天看見國王女兒，容貌端莊美麗，想要和她交往，不能達到，為此得了病。我如果不能得到她，必死無疑。」諸位親友對他說：「我們一定能給你想出好辦法，使你得到她，你不用發愁了。」過二日親友見他，便對他說：「我們為你想了辦法，以為可以幫你得到她。只是國王女兒不願意。」農夫聽後，欣然自得的笑起來，喊道我一定能得到她。

世間愚癡之人也是如此。不知道分別季節之春秋冬夏，就在冬季把種子播到土中，希望收到果實，只能是白費功夫，什麼也得不到，連芽莖枝葉一切都喪失掉。世間愚癡之人，修習一點福業，便以為足夠了，就說可以證得無上菩提了。就像那個農夫想得國王女兒一樣，只是妄想。

搆驢乳喻

【題　解】遇事不深入調查研究，弄明真相，只憑道聽塗說、一知半解和主觀想像，就妄加判斷，盲目蠻幹，必然把事情搞糟，犯下公驢擠奶、瞎子摸象一類錯誤。故事在這方面給人以教益。

昔邊國人不識於驢，聞他說言驢乳甚美，都無識者。爾時諸人得一父驢，欲搆❶其乳，諍共捉之。其中有捉頭者，有捉耳者，有捉尾者，有捉腳者，復有捉器❷者，各欲先得，於前飲之。中捉驢根，謂呼是乳，即便搆之，望得其乳。眾人疲厭，都無所得，徒自勞苦，空無所獲，為一切世人之所嗤笑。

外道凡夫亦復如是。聞說於道不應求處，妄生想念，起種種邪見。裸形❸自餓❹，投巖赴火❺，以是邪見，墮於惡道。如彼愚人妄求於乳。

【注　釋】❶搆　擠取牛羊乳。❷器　驢之陰莖。下文「驢根」亦指此。❸裸形　古印度耆那教之一派，修行者過全裸生活，表示遠離一切繫縛，佛教稱為裸形外道。❹自餓　自餓外道。修行飢餓苦行之外道。❺投巖赴火　參見〈貧人燒麤褐衣喻〉注。

【語　譯】從前，某邊遠國家的人不認識驢，聽人說驢奶味道很美，只是大家都沒有嘗過。這時，他們得到一匹公驢，想擠取牠的奶，便爭相捉住牠。他們中有人抱住驢頭，有人抓住驢耳，有人拉住驢尾巴，有人捉住驢蹄子，還有人握住驢陰莖，每人都想先得到驢奶，在別人之前先喝到它。其中握住驢陰莖的人，呼喊說是乳房，就馬上去用力擠，希望得到驢奶。大家忙活一陣子，累得夠嗆，什麼也沒得到，白白勞苦一場，空無所獲，為世人所笑話。

修行外道的凡夫也是這樣。聽到關於修道不應妄求之處，偏生非分之想，起種種邪見。去修煉裸形外道，自餓外道，投身懸崖，投身大火。由於癡迷這些邪見，而墮入三惡道中。就像那群愚癡之人妄想向公驢求奶一樣空無所得。

與兒期早行喻

【題解】做事盲動冒進，急於求成，結果常常是欲速則不達。因為事情的成功是需要一定的條件和相應的時機，沒有這些，光憑主觀願望和熱情是不行的。當然也不可偏向另一端，遇事畏縮不前，舉棋不定，同樣會錯失良機。而應取乎其中，目標明確，方法得當，多方協調，謀而後動，則穩操勝券矣。

昔有一人，夜語兒言：「明當共汝至彼聚落，有所取索。」兒聞語已，至明清旦，竟不問父，獨往詣彼。既至彼已，身體疲極，空無所獲，又不得食，飢渴欲死，尋復迴還，來見其父。父見子來，深責之言：「汝大愚癡，無有智慧，何不待我？空自往來，徒受其苦，為一切世人之所嗤笑。」

凡夫之人亦復如是。設得出家，即剃鬚髮，服三法衣❶，不求明師諮受道法，失諸禪定道品❷功德，沙門妙果❸一切都失。如彼愚人，虛作往返，徒自疲勞，形似沙門，實無所得。

【注　釋】❶三法衣　僧人在舉行宗教儀式時穿的服裝，即袈裟。《釋氏要覽》上：「西天出家者衣，律有制度，應法而作，故曰法衣。」有三種，故稱三衣或三法衣。一僧伽梨，意譯為眾聚時衣，舉行授戒說戒之類莊嚴宗教儀式時穿著。二郁多羅僧，意譯為上衣，穿在內衣上面。三安陀會，意譯為中著衣、內衣，為襯體而著之衣。❷禪定道品　修習禪定的種種方法門類。見〈寶篋鏡喻〉注。❸沙門妙果　出家修佛達到的特別美妙成果，即菩提涅槃境界。

【語　譯】從前有一個人，夜裡對兒子說：「明天我和你一同到那個村子去，有些東西要取回來。」兒子聽後，到第二天清晨，也沒去問父親一聲，就獨自往那個村子去了。到那裡後，身體極度疲勞，卻什麼東西也未取到，還得不到吃的，飢渴得要死，接著便返回家，去見他的父親。父親見兒子回來，狠狠訓斥他說：「你太愚蠢了，沒有一點頭腦，為什麼不等我一同走？空跑一趟，白受一場辛苦，還要被外人笑話。」

那些凡夫俗子也是這樣。假如他們出了家，就把鬚髮剃掉，穿上三種法衣，卻不去求明師指點修道的方法，從而失掉修習禪定諸方法得到的功德，也失去了沙門妙果。就像那個愚癡之人一樣，白白往返一趟，空受疲勞。那些人外表像個出家人，實際上什麼也沒得到。

為王負机喻

【題解】有一部電視小品，講述一位小職員，吹噓自己與火車站的站長是好朋友，買臥鋪車票只需一句話就能辦到。於是相求者絡繹不絕，他不好意思實話實說，就每天帶著鋪蓋卷去車站通宵排隊代人買票，苦不堪言，還要硬撐著。為了滿足虛榮心而自欺欺人，真是可憐。現實生活中，類似這樣死要面子活受罪的人確實不少，這是喪失自信自尊心態的表現。莊子從萬物齊一的層面論述個體的存在價值，認為不管是小草莖或是大房梁，西施或是醜女，只要能自足其性，就是與道相通，達到萬物平等齊一，無所謂高低貴賤。這種主張對樹立人的自尊自信頗有價值。這些皆與本篇寓意相通。

昔有一王，欲入無憂園中，歡娛受樂。勅一臣言：「汝捉一机❶，持至彼園，我用坐息。」時彼使人羞不肯捉，而白王言：「我不能捉，我願擔之。」時王便以三十六机置其背上，驅使擔之，至於園中。如是愚人為世所笑。

凡夫之人亦復如是。若見女人一髮在地，自言持戒，不肯捉之。後為煩惱所惑，三十六物②，髮毛爪齒，屎尿不淨，不以為醜。三十六物一時都捉，不生慚愧，至死不捨。如彼愚人擔負於机。

【注　釋】①机　同「几」。指炕几之類，古人跪坐時用作憑依。古時敬老，有授几杖之禮。《禮記・月令》：「(仲秋之月）養衰老，授几杖。」几為坐時憑靠，杖為行時拄持。②三十六物　佛教認為凡夫之身充滿三十六種不淨物。《涅槃經》二十四將其分為三類：一外相十二，髮、毛、爪、齒、眵（眼屎）、淚、涎、唾、屎、溺、垢、汗。二身器十二，皮、膚、血、肉、筋、脈、骨、髓、肪、膏、腦、膜。三內含十二，肝、膽、腸、胃、脾、腎、心、肺、生藏、藏、赤痰、白痰。

【語　譯】從前有位國王，想去無憂園中遊玩享樂，就命一位官員說：「你提一只靠几到那個園中，我坐下休息時好用。」當時那位官員覺得為人提几不太體面，就對國王說：「我不願提著，願意擔著。」國王就把三十六只靠几放到他的背上，指使他背起來，送到園中。如此愚癡之人，為世人所恥笑。

世間凡夫也是這樣。如果看見一根女人頭髮掉在地上，就會說自己持守戒律，不肯拾起來。以後被煩惱迷惑，對人體三十六種不淨物，如髮毛爪齒屎尿等等，都不認為是醜惡的。三十六種不淨物都要觸摸，不生慚愧之心，至死也不肯捨棄。如同那個愚癡之人，不願持一几而背負三十六几一樣。

倒灌喻

【題　解】對症下藥是治好病的關鍵，這個愚癡之人不懂得此理，把灌腸藥拿來吃下，給自己帶來極大的痛苦和麻煩。解決世間的一切矛盾和問題，也是這個道理，必須要摸準病情，找出癥結所在，並運用恰當的方法手段，才能解決好。如果糊裡糊塗的亂來，必然徹底失敗。

昔有一人，患下部病。醫言：「當須倒灌❶乃可瘥❷耳。」便集灌具，欲以灌之。醫未至頃，便取服之，腹脹欲死，不能自勝。醫既來至，怪其所以，即便問之：「何故如是？」即答醫言：「向時灌藥，我取服之，是故欲死。」醫聞是語，深責之言：「汝大愚人，不解方便。」即便以餘藥服之，方得吐下，爾乃得瘥。如此愚人，為世所笑。

凡夫之人亦復如是。欲修學禪觀❸種種方法，應觀不淨❹，反觀數息❺。應數息者，反觀六界❻。顛倒上下，無有根本，徒喪身命，為其所困。不詣良師，顛倒禪法，如彼愚人飲服不淨。

【注 釋】❶倒灌 灌腸。用軟管由肛門插入直腸，通入藥液，以疏通腸道，清除堵塞之糞塊。❷瘥 病癒。❸禪觀 通過坐禪以觀照真理。是佛家主要修行方法。❹不淨 不淨觀。貪欲心重者在禪定中觀想自身和他身之種種汙穢不淨，而生厭惡，以消除對人生的貪戀。參見〈治鞭瘡喻〉注。❺數息 數息觀。散亂心重者在禪定中專心計數呼吸次數，使心安定專注，進入禪境。參見〈口誦乘船法而不解用喻〉「安般數息」注。❻六界 又稱六大。指構成世界萬物的六種根本要素，即地、水、火、風、空、識。

【語 譯】從前有一個人，得了腹脹之病。醫生說：「必須灌腸才能治好。」說完便去收集灌腸用具，打算給病人灌腸。在醫生還沒回來的一會工夫，他就把灌腸藥喝下去，為此腹部脹痛得要死，無法忍受。醫生回來，奇怪他怎麼變成這個樣子，就問他：「為什麼會這樣？」他回答說：「剛才我把灌腸藥拿來吃了，因此腹部脹痛得厲害。」醫生聽了這話，狠狠責備他說：「你真是個大笨蛋，根本不懂得用藥方法。」就把剩下的藥為他灌了腸，才使汙物瀉下，病才得以治癒。如此愚癡之人，被世人所笑話。

世俗之人也是這樣。想要學習和修行坐禪以觀照真理的種種方法，應該觀想自身和他身之種種不淨，反而去觀想呼吸次數；應該觀想呼吸次數的，反而去觀想地水火風空識六大。顛倒修行的上下次第，沒有把握住根本，白白喪失自身性命。學禪法反為禪法所困擾，又不去向明師請教，把禪法次第顛倒了，就像那個愚癡之人，飲服灌腸之藥一樣。

為熊所齧喻

【題 解】父親為兒子報仇，只根據身上長毛向下披散一個特徵去尋仇家，沒有詳細詢問其他方面，沒有作周密廣泛的調查和準確認定，結果找錯對象，誤傷無辜。試想，如果司法者只根據作案者是個老頭的陳述，就把所遇到的老頭都抓來治罪，將是何等荒唐。這則笑話啟示人們，遇事要調查分析，謀而後動，切忌魯莽行事。

昔有父子與伴共行。其子入林，為熊所齧，爪壞身體。困急出林，還至伴邊。父見其子身體傷壞，怪問之言：「汝今何故被此瘡害？」子報父言：「有一種物，身毛耽毿❶，來毀害我。」父執弓箭，往到林間，見一仙人，毛髮深長，便欲射之。傍人語言：「何故射之？此人無害，當治有過。」

世間愚人亦復如是。為彼雖著法服無道行者之所罵辱，而濫害良善有德之人。喻如彼父，熊傷其子而枉加神仙。

【注　釋】❶耽毿　向下披散的長毛。耽，耳下垂。此作下垂狀。毿，細長的毛髮。

【語　譯】從前有父子倆，與他人結伴同行。兒子進入林中，被熊咬傷，身體也被抓壞了。他在危急中逃出樹林，回到同伴身邊。父親見兒子身體受傷，奇怪地問他：「你因何被傷成這個樣子？」兒子回答說：「有一個怪物，身上長毛向下披散，是它把我傷成這個樣子。」父親手執弓箭，去到樹林中，見一位仙人，毛髮又厚又長，就想用箭射他。身旁的人說：「你為什麼要射他？此人沒傷害你兒子，你應該去懲治有罪過者。」

世間愚癡之人也是這樣。被那些身穿法衣卻無道行的人所辱罵，就放肆地傷害善良有道德之人。就像那位父親因熊傷其子而冤屈仙人一樣。

比種田喻

【題　解】有些人做事不懂得權衡利弊，比較得失，選取全面合宜的處置方案。他們頭腦偏執，缺乏靈活性，想問題好鑽牛角尖，片面、極端，一葉障目，不見泰山，因此常常做出顧此失彼、因小失大的蠢事。丟了西瓜揀芝麻，就是對這種人的諷刺，也是本篇的寓意所在。

昔有野人❶，來至田里，見好麥苗，生長鬱茂。問麥主言：「云何能令是麥茂好？」其主答言：「平治其地，兼加糞水，故得如是。」彼人即便依法用之。即以水糞調和其田，下種於地。畏其自腳蹈地令堅，其麥不生。我當坐一牀上，使人轝❷之，於上散種，爾乃好耳。即使四人，人擎一腳，至田散種，地堅逾甚，為人嗤笑。恐己二足，更增八足。

凡夫之人亦復如是。既修戒田，善芽將生，應當師諮，受行教誡，令法芽生。而返違犯，多作諸惡，便使戒芽不生。喻如彼人畏其二足倒加其八。

【注釋】❶野人 鄙陋無知之人。❷轝 同「輿」。本指車箱，此作動詞，扛、抬之意。

【語譯】從前有一個鄙陋無知的人，來到田間，看見麥苗很好，生長得蔥鬱繁茂。就問麥田主人說：「怎樣才能使這些麥苗生長繁茂呢？」田主回答說：「把土地翻鬆耙平，再澆上糞水，這樣麥苗就會長得同樣好。」那人馬上依法而行。把糞水潑向田裡，翻鬆調勻，把種子播下去。當時他擔心自己的腳踩到地上會使土地堅硬，麥苗長不出來。就想：我應當坐到一張床上，使人抬著，在上面撒種子，那樣就好了。於是就派四個人，每人擎一隻床腿，用床抬他到田間撒種，結果把麥田踩得更堅硬，這種作法為人所笑話。害怕自己兩隻腳把麥田踩硬，反而又增加了八隻腳。

世俗之人也是這樣。持守戒律與修治田地一樣，在善的幼芽將要萌生之際，應該向明師請教，接受並奉行其教誨和訓誡，讓佛法幼芽生長起來。然而卻違犯戒律，多做各種惡事，使合乎戒律之幼芽不能生長。就像那個人，害怕兩隻腳著地，反倒增加八隻腳。

獮猴喻

【題　解】獮猴挨了大人打，不敢報復，而遷怒小孩子，這是一種弱者心態，阿Q精神，當然是不足取的。但是，獮猴尋求精神壓抑的宣泄，也可以說是一種自我保護舉措。人們生活在充滿矛盾的社會裡，要承受方方面面的精神壓力，如果這種壓力不斷加大，又得不到疏通和宣泄，以致超出承受的極限，人就可能瘋狂，甚至自殺。從這個角度分析，宣泄精神壓力的行為是有益的，只是不要對無辜者造成傷害。

昔有一獮猴，為大人所打，不能奈何，反怨小兒。

凡夫愚人亦復如是。先所瞋人，代謝❶不停，滅在過去。乃於相續後生之法，謂是前者，妄生瞋忿，毒恚彌深。如彼癡猴為大人所打，反瞋小兒。

【注釋】❶代謝　更替變化。

【語譯】從前有一隻獼猴，被大人打了，不敢怎麼樣，反而怨恨小孩子。世間愚癡之人也是這樣。先前所忿恨之人，更替變化不停，在過去時日已經死去。而對以後相繼產生的理法，也認為是前面那些人所做，憑空生出忿恨，怨毒之心愈積愈深。如同那個愚癡的獼猴，被大人打了，反來怨恨小孩子。

月蝕打狗喻

【題解】發生日蝕、月蝕而打狗，比喻本與此事無涉者卻平白受冤屈。此類冤案製造者或出於有心，或出於無意，月蝕打狗當屬後者。產生這類無心過失，原因有多種，如迷信、盲從、愚昧無知等等，最根本的原因是缺乏實事求是精神，不能深入細緻進行調查研究，沒有弄清事實真相，就草率定論，造成錯案，冤枉無辜。這些都應引以為鑑。

昔阿脩羅王❶，見日月明淨，以手障之。無智常人，狗無罪咎❷，橫加於惡。

凡夫亦爾。貪瞋愚癡，橫苦其身，臥棘刺上，五熱炙身❸，如彼月蝕，枉橫打狗。

【注釋】❶阿脩羅王　阿脩羅界之王。《法華經・序品》列有婆稚、佉羅騫馱、毗摩質多、羅睺四位阿脩羅王。阿脩羅，又作阿素洛，梵文音譯，意譯為非天之神。因其常與忉利天之帝釋諸神爭鬥，與日月神爭鬥，故被視為非天之惡神，又稱無酒神。亦為佛教六道之一，八部眾之一。❷狗無罪咎　狗是沒有罪過的。由於世間眾人愚昧無知，誤以為月蝕是天狗食月亮，因而打狗，使無罪之狗無端受責。❸五熱炙身　用火炙烤四肢和頭。為外道所修苦行之一。

【語譯】從前，阿脩羅王看見日月明亮清淨，就用手把它遮住。無知的民眾竟認為是天狗吃了月亮，把惡名橫加到狗的身上。

世俗之人也是這樣。由於受貪瞋癡之纏繞，使自身遭受種種痛苦，為此修苦行臥到荊棘上面，用火炙烤四肢和頭。就像發生月蝕時，冤屈狗而橫加責打一樣。

婦女患眼痛喻

【題解】怕眼痛把眼睛挖掉，怕頭痛難道把頭砍下麼！按此邏輯，吃飯會噎著，只有不吃；走路會跌跤，只有不動；做事會犯錯誤，只有不做……如果真是這樣，後果如何，不難設想。失敗是成功之母，吃一塹，長一智，害怕失敗，不敢實踐，永遠沒有成功的可能。困難、挫折、失敗是通往成功之路的階梯，登上一級就靠近成功一步。那些逃避困難、貪圖安逸的懦夫，絕不會有成功的歡樂。

昔有一女人，極患眼痛，有知識❶女人問言：「汝眼痛耶？」答言：「眼痛。」彼女復言：「有眼必痛。我雖未痛，並欲挑眼，恐其後痛。」傍人語言：「眼若在者，或痛不痛。眼若無者，終身長痛。」

凡愚之人亦復如是。聞富貴者衰患之本，畏不布施，恐後得報，財物殷溢，重受苦惱。有人語言：「汝若施者，或苦或樂；若不施者，貧窮大苦。」如彼女人不忍近痛，便欲去眼，乃為長痛。

【注　釋】❶知識　相識；熟悉。

【語　譯】從前有一個女人，眼睛患病痛得厲害，有一相識女人問她說：「你眼睛痛嗎？」回答說：「眼痛。」那女人又說：「有眼睛必定會痛。我的眼睛雖然現在未痛，也想把它挖掉，免得以後再痛。」旁邊的人說：「眼睛如果存在，可能痛也可能不痛。眼睛如果沒有了，就要終生長痛。」

世間愚癡之人也是這樣。聽說富貴者變為衰敗是憂患之本，害怕不布施財物於人，以後會遭惡報，又怕財物大量外流，再受貧窮之苦。有人對他說：「你如果布施財物給人，以後可能受苦，也可能享樂；如果不肯布施，以後必定受貧窮吃大苦。」就像那個女人，不願忍受近痛，就想把眼睛挖掉，而招致一生長痛。

父取兒耳璫喻

【題　解】人的一生要面對無數次的兩難選擇，有大有小，有輕有重，大者如捨生取義之類，小的如捨魚而取熊掌之類。選擇的正確與否，對人影響甚大。在重大選擇面前，可能由於一念之差，發生完全不同的後果，影響或改變一生的命運。可能由此而平步青雲，一帆風順，也可能沉淪破敗，一蹶不振；或因此福及自身和兒孫，或由此而遺恨終身，追悔莫及。因此，面臨重大抉擇，不可不慎，切記故事中殺子留璫之類的沉痛教訓。

昔有父子二人緣事共行，路賊卒起，欲來剝❶之。其兒耳中有真金璫❷。其父見賊卒發，畏失耳璫，即便以手挽之，耳不時決。為耳璫故，便斬兒頭。須臾之間，賊便棄去，還以兒頭著於肩上，不可平復。如是愚人，為世間所笑。

凡夫之人亦復如是。為名利故，造作戲論❸。言無二世❹，有二世；無中陰❺，有中陰；無心數法❻，有心數法；無種種妄想，不得法實。他人以如法論破其所論，便言我論中都無是說。如是愚人，為小名利，便故妄語，喪沙門道果。身壞命終，墮三惡道。如彼愚人為小利故斬其兒頭。

【注釋】❶剝　搶奪。❷璫　耳墜。❸戲論　不合正理的言論，無意義的言論，不論是非、一概排斥的言論。佛教把戲論分為愛論、見論兩類。《中論・觀法品》云：「戲論有二種，一者愛論，二者見論。」由於執著對事物之愛，而生迷妄之心，由之生起之錯誤見解為愛之戲論；由種種偏見而起之言論為見之戲論。世俗之人多發愛論，出家之人多發見論。❹二世　今生與來世。❺中陰　又稱中有、中蘊、中時，指眾生死亡至再生期間的一種存在狀態，所謂靈魂之身的形態。佛家各派對此說法不一。《俱舍論》以中陰為有，《成實論》以之為無，大乘則以之為有無不定。中陰持續時間，有說七天，有說四十九天，有說無限時日等等。❻心數法　新譯作心所，指由心自體（心王）生起之種種心理現象。心自體只有一個，由之生起之心理現象即心所，可以有多個。如《俱舍論》分心所為六類，四十六法。唯識學派分心所為六類，五十一法。

【語　譯】從前有父子二人因事一同外出，路上劫匪突然出現，要搶劫他們的財物。兒子耳朵上戴著一副金耳墜，父親見劫匪突然來到，害怕他們搶走兒子的金耳墜，就馬上動手去扯，可是一時扯不下來。為了不失去耳墜，便把兒子的頭砍下來。一會兒，劫匪離去，父親又把頭安放到兒子的肩上，可是再也不能復原了。這樣愚癡之人，為世人所恥笑。

世俗之人也是這樣。為了名利，編造出一些違背正理的奇談怪論。有的說人沒有來世，有的說人有來世；有的說人在死亡和再生之間沒有靈魂身存在，有的說有靈魂身存在；有的說人之心王不能生起心所，有的說能生起；還有的說沒有種種妄想，就不能得到正法之本真。有人如果用如實佛陀正法破除他們的奇談怪論，他們便會說我的言論中沒有這些說法。像這樣愚癡之人，為了小名小利，就故意說謊話，喪失出家人修得的道果，在身死命終時，墮入三惡道中。就像那個愚癡的父親，為貪一點小利，竟砍卜兒子的頭。

劫盜分財喻

【題　解】被視為下等貨的欽婆羅衣，後來竟賣出好價錢；自以為吃了大虧的人，卻得到高過同伴一倍的報酬。此類化朽腐為神奇，或者反過來，化神奇為朽腐的事例，世間極為常見。眼下吃了虧，受了委屈，不一定全是壞事。塞翁失馬，焉知非福。不必為此斤斤計較，心理失衡，怨天尤人，可以泰然處之，順其自然。春秋時楚國子文，「三仕為令尹，無喜色；三已之，無慍色。舊令尹之政，必以告新令尹。」（《論語・公冶長》）這種寵辱不驚，得失如一的高尚品格和敬業精神值得景仰。

昔有群賊共行劫盜，多取財物，即共分之，等以為分。唯有鹿野❶欽婆羅❷色不純好，以為下分，與最劣者。下劣者得之恚恨，謂呼大失。至城賣之，諸貴長者多與其價，一人所得倍於眾伴，方乃歡喜，踊悅無量。

猶如世人不知布施有報無報，而行少施，得生天上，受無量樂，方更悔恨，悔不廣施。如欽婆羅後得大價乃生歡喜。施亦如是，少作多得，爾乃自慶，恨不益為。

【注　釋】❶鹿野　即鹿野苑，古地名，在中印度之波羅奈國。釋迦成道後，最初在此處講四諦諸法。❷欽婆羅　衣名。用毛絲混織之粗衣，為外道之徒所穿著之衣。

【語　譯】從前有一群盜賊，合伙搶劫，搶得許多財物，就一起分掉，是以平等數量均分的。只有一件從鹿野苑搶得的欽婆羅衣，顏色駁雜難看，被認為是下等貨，分給一個最低等的盜賊。這人得衣後很是怨憤，呼叫自己吃了大虧。拿到城裡賣出時，高貴的富人大官出很高價錢買它，結果這個人賣得的錢比眾伙伴多出一倍，這時他高興的又蹦又跳。

好像世俗之人，不知道布施財物有沒有善報，就稍作布施，由此而得轉生天國，享受無窮的歡樂，這時才更加悔恨。後悔當初沒有廣為施捨。如同欽婆羅衣後來賣得高價，得此衣賊才高興起來一樣。布施也是如此，稍作施捨而多得回報，自己才感到慶幸，後悔當初沒有多作施捨一些。

獼猴把豆喻

【題　解】凡事要從大處著眼，從全局考慮，不可被局部小利蒙住眼睛。以此為行動的出發點，才能保住根本利益不受損失，立於不敗之地。如果鼠目寸光，斤斤計較，見樹木不見森林，把全部注意力傾注於毫末小利，必然忽視大局，因小失大，犯下丟了西瓜揀芝麻的錯誤，做出類似為找回一豆而丟掉全部豆的蠢事。

昔有一獼猴持一把豆，誤落一豆在地，便捨手中豆，欲覓其一。未得一豆，先所捨者雞鴨食盡。

凡夫出家亦復如是。初毀一戒，而不能悔。以不悔故，放逸❶滋蔓❷，一切都捨。如彼獼猴，失其一豆，一切都棄。

【注　釋】❶放逸　放任自流，不加約束。❷滋蔓　滋生蔓延。

【語　譯】從前有一隻獼猴，拿著一把豆子，不留神掉在地上一顆，牠便放下手中的豆子，想找回丟掉的那一顆。結果未找到丟掉的那一顆，先前放下的豆子也被雞鴨吃光了。

世俗人出家也是這樣。開始時破了一條戒律，而不能悔改。因為不能悔改，就放任自流，恣意妄為，一切戒律都丟棄了。如同那隻獼猴，因為丟失一豆，導致失去全部豆子。

得金鼠狼喻

【題　解】金鼠狼化為毒蛇，毒蛇又化為金，是一種超驗的幻象，不具有現實性。其本義在於烘托至誠之心可以感格天地，無所不能，所謂精誠所至，金石為開之意也。如果只是為了個人功利的滿足，作形式上的模仿，心中本無誠意，結果必然失敗。就像那個愚癡之人，看人家把毒蛇放入懷中變成金子，也照樣去學，結果被毒蛇咬死一樣。

昔有一人在路而行，道中得一金鼠狼❶。心生喜踊，持置懷中，涉道而進。至水欲渡，脫衣置地，尋時金鼠變為毒蛇。此人深思，寧為毒蛇螫殺，要當懷去。心至冥感❷，還化為金。傍邊愚人見其毒蛇變成真寶，謂為恆爾，復取毒蛇內著懷裡，即為毒蛇之所蜇螫❸，喪身殞命。

世間愚人亦復如是。見善獲利，內無真心，但為利養，來附於法。命終之後，墮於惡處，如捉毒蛇被螫而死。

【注釋】❶鼠狼　獸名。即鼬，又名鼪，多為赤黃色，善捕鼠，俗稱黃鼠狼。其尾能製毛筆，稱狼毫筆。❷冥感　暗中相感應。言至誠之心冥冥中與物相感應，所謂精誠所至，金石為開之意也。❸蜇螫　被毒蛇、毒蟲所傷害。蜇，刺傷。螫，毒蟲刺人。

【語譯】從前有一個人在路上行走，途中拾得一隻金製的黃鼠狼。這人高興得又蹦又跳，就把它放入懷中，沿路前行。走到河邊想渡過去，就把衣服脫下放在地上，不一會工夫金鼠狼變成一條毒蛇。這人深思熟慮後決定，寧肯被毒蛇咬死，也要把牠帶回去。至誠之心暗中與物相感應，毒蛇又化作金鼠狼。旁邊有一個愚癡之人，見這條毒蛇變成真正的寶物，便以為永遠都會這樣，也捉一條毒蛇放入懷中，當即被毒蛇所咬傷，喪失了性命。

世間愚癡之人也是這樣。見行善可以得到利益，內心本不真想行善，只是為了得到利養，才來依附善法。身死命終之後，依然墮入惡途，如同那位捉毒蛇者被咬死一樣。

地得金錢喻

【題解】拾到東西據為己有，當然不應該。如果把此故事的寓意引申開來，比喻為碰到難得機遇，沒有把握住而白白錯過，悔之無及，則具有普遍意義。人一生成敗得失的轉折點，往往就取決於能否把握住機遇。抓住了則否極泰來，順風順水；抓不住則噩運纏身，追悔莫及。所謂機不可失，時不再來，遇到機遇一定要好好把握呀。

昔有貧人在路而行，道中偶得一囊金錢，心大喜躍，即便數之。數未能周❶，金主忽至，盡還奪錢。其人當時悔不疾去，懊惱之情，甚為極苦。

遇佛法者亦復如是。雖得值遇三寶❷福田❸，不勤方便，修行善業，忽爾命終，墮三惡道。如彼愚人，還為其主奪錢而去。如偈所說：

今日營此事，明日造彼事。樂著不觀苦，不覺死賊至。

悤悤眾務，凡人無不爾。如彼數錢者，其事亦如是。

【注釋】❶周 周遍。❷三寶 佛法僧為構成佛教的三要素，佛是已開悟之人，法是佛之教法，僧是信奉佛法的僧團，有此三者，佛教乃成，故稱三者為三寶。❸福田 佛家比喻之詞，謂多積善行，可得福報，如播種田地，可得收穫。故多積善行即是福田。

【語　譯】從前有一個窮人在路上走，途中偶然拾得一袋金錢，心裡特別高興，馬上開始數起來。還沒等把錢數完一遍，失主突然返回來，又把錢全部奪回去。這人後悔當時沒有馬上離開，為此心情懊惱，痛苦已極。

那些得遇佛法的人也是這樣。雖然有幸遇到佛法僧三寶，可以多積善行，如果不能勤奮接受指引，修行善業，等到突然身死命終時，還是要墮入三惡道中。就像那個愚癡之人，拾得金錢又被失主奪回去一樣。如偈詩所說：

今天做這件事，明天幹那樣事。
執著享樂不想後世受苦，不覺死亡到來。
一生忙碌各種雜務，世俗之人無不如此。
就像那個數錢人，所做之事也是這樣。

貧兒欲與富者等財物喻

【題　解】古人提倡貧而無諂，鼓勵身處困境者不自卑，不氣餒，自強不息，爭取轉機來臨。這是積極進取、催人上進的人生觀，是對人有益的。而故事中愚癡之人則相反，其想法是自己的財產沒有財主多，就把它丟棄，按此想法，則永遠不能達成與財主等財的願望，只會拉大距離，愈來愈窮。這是消極退縮的人生態度，是要不得的。

昔有一貧人，有少財物，見大富者，意欲共等。不能等故，雖有少財，欲棄水中。傍人語言：「此物雖尠❶，可得延君性命數日，何故捨棄擲著水中？」

世間愚人亦復如是。雖復出家，少得利養，心有希望，常懷不足，不能得與高德者等，獲其利養。見他宿舊有德之人，素有多聞，多眾供養，意欲等之。不能等故，心懷憂苦，便欲罷道❷。如彼愚人，欲等富者，自棄己財。

【注釋】❶尠 同「鮮」。少也。❷罷道 停止修道。罷，停止。

【語譯】從前有一個窮人，稍微有一點薄財，見到一位大富豪，就想和人家一樣富有。因為不能達到，自己原有的一點財產，也要把它拋棄水中。旁邊有人對他說：「你的財產雖然少，也可以養活自己一些天，為什麼要捨棄丟到水中呢？」

世間愚癡之人也是這樣。雖然出了家，得到少許供養，仍心存奢望，常感到不滿足，不能與德高望重者獲得同等供養。看見那些年高德厚之人，平時博學多聞，受到眾人供養，心裡也想和他們一樣。因為不能做到，心中憂鬱痛苦，就想停止修道。如同那個愚癡之人，想和大富翁同樣富有，比不過就丟棄自己的財產一樣。

小兒得歡喜丸喻

【題　解】世人上當受騙的原因雖千差萬別，最主要的一條恐怕就是一個貪字。魚兒貪餌而被釣，鳥獸貪吃而被捉，老婦貪睡、小兒貪吃而財物被盜。一個人只要心存貪念，便會被小利蒙住雙眼，忘記大利，掉進騙子精心設計的陷阱，造成或小或大的損失。如能戒除貪字，保持清醒頭腦，則任憑神奸巨騙，巧舌如簧，說得天花亂墜，我就是不動心，他們也就黔驢技窮，無以售其奸了。

昔有一乳母，抱兒涉路，行道疲極，睡眠不覺。時有一人持歡喜丸授與小兒。小兒得已，貪其美味，不顧身物。此人即時解其鉗鑻❶，瓔珞❷、衣物都盡持去。

比丘亦爾。樂在眾務憒鬧❸之處，貪少利養，為煩惱賊奪其功德、戒寶❹、瓔珞。如彼小兒貪少味故，一切所有賊盡持去。

【注　釋】❶鉗鑻　戴在小兒頸上的裝飾物，如長命鎖之類，多為銀製。鑻，同「鎖」。❷瓔珞　用珠玉與貴金屬串成的飾物，多用作頸飾。佛教特指佛、菩薩身上的飾物。❸憒閙　昏亂吵雜。❹戒寶　佛教之戒律。因其可約束信眾防非止惡，故稱為寶。

【語　譯】從前有個奶娘，抱著小孩跋涉在路途上，因為勞累過度，不知不覺就睡著了。這時有個人拿出歡喜丸送給小孩。小孩得到歡喜丸後，只顧貪吃美味，不管身上其他物品。那人立刻解下他的長命鎖，把項圈和衣服都拿去了。

有些出家人也是這樣。喜歡在事務眾多、昏亂吵雜的地方貪求少許供養，被身心之煩惱奪走了他的功德、戒律和對佛的虔敬。就像那個小兒，貪吃少許美味，致使所有東西都被賊拿走了一樣。

老母捉熊喻

【題　解】那個人所以成了老婦人的替罪羊，也是源於一點貪心。如果他不貪圖共分熊肉，就會保持清醒頭腦，冷靜分析老婦人的建議，審時度勢地作出正確判斷，也就不會掉進老婦人的圈套，使自己陷入困境，不能自拔。可見戒除貪念，保持公心，則得一生平安。

昔有一老母，在樹下臥，熊欲來搏，爾時老母遶樹走避。熊尋後逐，一手抱樹，欲捉老母。老母得急，即時合樹，捺熊兩手，熊不得動。更有異人❶來至其所。老母語言：「汝共我捉，殺分其肉。」時彼人者信老母語，即時共捉。既捉之已，老母即便捨熊而走。其人後為熊所困。如是愚人為世所笑。

凡夫之人亦復如是。作諸異論，既不善好，文辭繁重，多有諸病，竟不成訖❷，便捨終亡。後人捉之，欲為解釋，不達其意，反為其困。如彼愚人代他捉熊反自被害。

【注釋】❶異人　另外一個人；他人。❷訖　終了；完成。

【語譯】從前有一位老婦人，在大樹下面躺著休息。有一隻熊要來抓她，嚇得老婦人繞著大樹逃避。熊跟在後面追趕，一隻前爪抱住樹，另一隻爪來抓老婦人。老婦人情急之下，就用兩手合抱大樹，把熊的兩隻爪子壓住，使熊不能動彈。這時又有另外一人到來。老婦人對他說：「你我共同捉這隻熊，殺了牠平分熊肉。」那人信了老婦人的話，就來一起捉熊。熊被按住了，老婦人就趁機丟下熊走開，後來的那個人被熊困住。如此愚癡之人，被世人所嘲笑。

世俗之人也是如此。他們創作出多種奇異理論，內容既不美好善良，文字又繁瑣重複，有很多毛病，竟不能把它完成，就丟下而死。後人得到它，想要進行詮釋，又不能通達其本意，反而被其困擾。就像那個愚癡之人，代替他人捉熊，反而使自己受害一樣。

摩尼水竇喻

【題　解】摩尼一詞有珠寶、水洞二義，根據當時情景，婦人告知「唯有摩尼可以得出」，是指示其逃生之路，解作水洞才合情合理。可是，這個人的潛意識中貪愛珠寶更甚於生命，貪心蒙蔽了理智，一聞摩尼就想到珠寶，而排除了其他涵義。由於一詞錯解，錯過了逃生機會，丟掉了性命。貪念之危害以至於此，應深為警惕呀！

昔有一人與他婦通，交通未竟，夫從外來，即便覺之。住於門外，伺其出時，便欲殺害。婦語人言：「我夫已覺，更無出處，唯有摩尼❶可以得出。」胡❷以水竇❸名為摩尼，欲令其人從水竇出。其人錯解，謂摩尼珠❹，所在求覓，而不知處。即作是言：「不見摩尼珠，我終不去。」須臾之間，為其所殺。

凡夫之人亦復如是。有人語言：「生死之中，無常❺苦❻空❼無我，離斷常二邊❽，處於中道❾，於此中過，可得解脫。」凡夫錯解，便求世界有邊無邊，及以眾生有我無我，竟不能觀中道之理。忽然命終，為於無常之所殺害，墮三惡道。如彼愚人推求摩尼，為他所害。

【注　釋】❶摩尼　又作末尼，梵文音譯，珠之總稱，天竺人亦稱水洞為摩尼。❷胡　胡人，漢代以後泛指外國人。此指天竺（印度）人。❸水寶　水洞；排水通道。❹摩尼珠　寶珠名。摩尼，一義為離垢，謂此珠光明潔淨，不為垢穢之物所染汙。又一義為增長，謂有此寶，必增其威德。又稱如意寶珠，隨意所求皆能滿足。禪宗僧人常以摩尼喻佛性、清淨心。❺無常　世間一切事物皆處於生滅成壞過程中，不具常住性，故為無常。佛教認為現象世界的一切，都是因緣和合而成，其存在受因緣條件決定，條件具備則存，條件消失則亡，本身無有自性、常住性。人亦處生死流變中，也是無常的。❻苦　身心受到逼迫而呈現之苦惱狀態。佛教把人生視為無邊的苦海，把苦分類為二苦、四苦、五苦、八苦等，以八苦為最常見，所指為生、老、病、死、怨憎會、愛別離、求不得、五取蘊八種。❼空　萬法皆因緣生起，無自體、無自性，故謂之空。參見〈引言〉注。❽斷常二邊　斷，為斷見，認為一切現象皆將斷滅，無因果聯繫，人死化為烏有。常，為常見，認為一切現象皆為常住不滅。佛教認為二者皆為偏見、邪見，超越斷常二邊，達於中道，才是佛教的最高真理。❾中道　與真如、佛性、實相同義，為佛教之最高真理。指超越斷常二見和有無二邊的不偏不倚的中正之道。原始佛教主要指遠離苦行與快樂兩極端的不苦不樂中道。大乘中觀學派則以「不生亦不滅，不常亦不斷，不一亦不異，不來亦不去」為破斥一切迷執的八不中道。大乘瑜伽行派則以非空非有為中道等。

【語　譯】從前有一個人和別人的妻子私通，二人正在幽會的時候，婦人的丈夫從外面回來，馬上發覺了。便在門外守候，待姦夫出來時，就把他殺死。婦人對情夫說：「我丈夫已經發覺了，這裡沒有別的出口，只有摩尼可以出去。」天竺人把排水通道稱為摩尼，婦人想讓他從排水通道逃出去。那人領會錯了，以為摩尼是指摩尼珠，就到處尋找，也不知摩尼珠藏在什麼地方。他這樣說：「找不到摩尼珠，我就不走。」不一會兒，這人就被婦人的丈夫殺死。

世俗之人也是這樣。有人對他們說：「生死流轉過程中，一切都是隨時變化的，身心所受之苦是因緣而生，無自性，超越斷見和常見二偏，使心處中正之道，悟此中道，即可獲得解脫。」世俗之人誤解其義，而去追索世界是有邊際的或是無邊際的，以及眾生是有自我實體存在，或是沒有自我實體存在，終究不能觀照中道之理而與之冥合，一旦壽命終結，被無常所殺害，墮入三惡道中。如同那個愚癡之人，為尋找摩尼珠被他人殺害一樣。

二鴿喻

【題　解】製造冤案概而論之可分有心無心兩大類。無心造罪者，其主觀動機並不壞，但是由於不能認真聽取當事人的陳述，不能透過表象辨析本質，去偽存真，往往被假象蒙蔽，主觀主義的作出錯誤判斷，鑄成大錯，追悔莫及。因此處理重大事變，一定要慎之又慎。

昔有雄雌二鴿共同一巢，秋果熟時，取果滿巢。於其後時，果乾減少，唯半巢在。雄瞋雌言：「取果勤苦，汝獨食之，唯有半在。」雌鴿答言：「我不獨食，果自減少。」雄鴿不信，瞋恚而言：「非汝獨食，何由減少？」即便以嘴❶啄雌鴿殺。未經幾日，天降大雨，果得溼潤，還復如故。雄鴿見已，方生悔恨，「彼實不食，我妄殺他。」即悲鳴命喚雌鴿：「汝何處去？」

凡夫之人亦復如是。顛倒❷在懷，妄取欲樂，不觀無常，犯於重禁❸。悔之於後，竟何所及！後唯悲歎，如彼愚鴿。

【注　釋】❶嘴　同「嘴」。此指鳥喙。❷顛倒　違反正理之妄見。如以無常為常，以苦為樂，以空為有，以無我為有我等。❸重禁　重罪。違犯佛教嚴重戒律，主要指犯淫、盜、殺人、大妄語四重戒，將被驅逐出教團，墮入阿鼻地獄。

【語　譯】從前有雌雄兩隻鴿子，共住在一個巢中。秋天果子成熟時，牠們採回來放了滿滿一巢。經過一段時間，果子乾燥縮小，只有半巢了。雄鴿責怪雌鴿說：「採果子很是勞苦，你卻獨自食用，現在只剩下一半了。」雌鴿回答說：「我沒有獨自食用，是果子自己減少了。」雄鴿不相信，惱恨地說：「不是你獨自吃了，果子怎麼會自己減少？」就用尖嘴啄死了雌鴿。未過幾日，天降大雨，果子被雨水濕潤，又還原為滿滿一巢。雄鴿看見之後，才產生悔恨之心，「她確實沒有獨食果子，是我錯殺了她。」隨後就悲哀鳴叫，呼喚雌鴿：「你到哪裡去了啊？」

世俗之人也是這樣。心懷違背正理之妄見，過分貪求五欲之樂，不知觀照世事變化無常的真理，違犯佛教重戒，過後才知道後悔，又怎能來得及呀！只剩下悲痛哀歎，就像那隻愚癡的雄鴿一樣。

詐稱眼盲喻

【題　解】兩害相較取其輕。為國王幹活雖然不堪其苦，總還有解脫的希望；而弄瞎眼睛卻要終身受大苦。兩者相較，孰輕孰重，一目了然。這些工匠為避小苦而就大苦，確實愚蠢至極。但是，反躬自問，我們是否也有過類似情況，值得反省呢？

昔有工匠師，為王作務，不堪其苦，詐言眼盲，便得脫苦。有餘作師聞之，便欲自壞其目，用避苦役。有人語言：「汝何以自毀，徒受其苦？」如是愚人為世人所笑。

凡夫之人亦復如是。為少名譽，及以利養，便故妄語❶，毀壞淨戒，身死命終，墮三惡道。如彼愚人為少利故，自壞其目。

【注　釋】❶妄語　本於不誠實心而發之荒誕不實之語。這是一種惡業，佛教五戒、十戒皆有戒妄語一條。

【語　譯】從前有一位工匠師傅，為國王幹活，不能忍受其勞苦，就謊稱眼睛瞎了，由此得以逃脫國王的苦役。餘下的工匠們聽說以後，也想把自己的眼睛弄瞎，以逃避苦役。有人對他們說：「你們為什麼要毀壞自己的眼睛，白白受苦呢？」如此愚癡之人被世人所恥笑。

世俗之人也是這樣。為了得到一點小名聲，和一些供養，便故意說些荒誕不實之語，毀壞清淨戒律，身死命終之後，墮入三惡道中。就像那些愚癡之人，為貪小利而毀壞自己的眼睛一樣。

為惡賊所劫失氎喻

【題　解】強盜是不講信義的，如果守信義就不會作強盜了。對付他們只能以其人之道還治其人之身，想辦法把他們制服，繩之以法。如果書生氣十足，對強盜也守信義、講真話，就會像故事中的蠢人一樣，不但使自己受害，還要殃及他人。

昔有二人為伴，共行曠野。一人被一領氎❶，中路為賊所剝。一人逃避，走入草中。其失氎者，先於氎頭裹一金錢，便語賊言：「此衣適可直一枚金錢，我今求以一枚金錢而用贖之。」賊言：「金錢今在何處？」即便氎頭解取示之，而語賊言：「此是真金，若不信我語，今此草中有好金師，可往問之。」賊既見之，復取其衣。如是愚人氎與金錢一切都失。自失其利，復使彼失。

凡夫之人亦復如是。修行道品❷，作諸功德，為煩惱賊之所劫掠，失其善法，喪諸功德。不但自失其利，復使餘人失其道業。身壞命終，墮三惡道。如彼愚人彼此俱失。

【注　釋】❶氎　用毛布、木棉布製成的披巾、外套之類。❷道品　又作菩提分、覺支，指獲得菩提智慧的修行方法，也就是成佛的方法途徑。佛教將其歸納為七科三十七道品。

【語　譯】從前有兩個人結為伙伴，同行於曠野中。一人披一件毛布披巾，半路上被盜賊剝了去，另一個人逃脫，躲藏在草叢中。那個失去披巾的人，先前在披巾領口內藏一枚金錢，他對賊人說：「這件披巾正好值一枚金錢，我現在請求用一枚金錢把它贖回來。」賊人問：「現在金錢在哪裡？」那人就把披巾領口解開，取出金錢給賊人看，還對賊人說：「這錢是真金的，如果不相信我的話，那邊草叢中有一個好金匠，可以前去問他。」賊發現那個藏在草叢中的人之後，又把他的衣服也搶去了。如此愚癡之人，披巾和錢都失去了。自己的利益受到損失，又連累別人受損失。

世俗之人也是這樣。修行成佛善法，作種種功德，後來又被心中之煩惱賊劫掠而去，失去善法，喪失各種功德。不但失掉自己的利益，又使他人失去道業，在身死命終時，墮入三惡道中。就像那個愚癡之人，使自己和他人利益都失去一樣。

小兒得大龜喻

【題　解】對別人的見解，要進行分析鑑別，看其是否合乎實際，看其是否真有道理，以決定去取，不可一概信從，亦不可全盤否定。以此故事為例，大龜本水中之物，如果水能殺龜，牠怎麼能在水中存活？稍作分析，便知此話不可信。世事複雜萬變，對同一件事不同人有不同看法，甚至見解完全相反，是很平常的。譬如股票市場上，明日大盤如何，是漲？是跌？是平？皆有人主張，相信哪一種，只能靠自己作出判斷。當然，判斷難免出錯，這就要不斷總結經驗教訓，加強學習，提高分辨能力和決策水平，以減少錯誤，絕不可作思想懶漢，隨人短長。

昔有一小兒，陸地遊戲，得一大龜。意欲殺之，不知方便，而問人言：「云何得殺？」有人語言：「汝但擲置水中，即時可殺。」爾時小兒信其語故，即擲水中。龜得水已，即便走去。

凡夫之人亦復如是。欲守護六根❶，修諸功德，不解方便，而問人言：「作何因緣而得解脫？」邪見❷外道、天魔波旬❸、及惡知識❹而語之言：「汝但極意六塵❺，恣情五欲❻，如我語者，必得解脫。」如是愚人，不諦❼思惟，便用其語，身壞命終，墮三惡道。如彼小兒擲龜水中。

【注　釋】❶六根　眼耳鼻舌身意六種認知功能，具有通過色聲香味觸法六境，產生相應六識之作用，故稱六根。佛教所說根有能生、增長之義。六根能生六識，其中前五根是由人的感官接觸外境（色）而得，稱色根。第六意根是經心之綜合而起，非直接源於外境，稱無色根。六根概括眾生身心之全體。❷邪見　邪惡不正的見解。佛教多特指否定因果聯繫，不承認緣起法之類見解。❸天魔波旬　欲界六天最上層他化自在天中的魔王，其名波旬，常為修道者設置障礙。❹惡知識　以邪惡之說教人，使人陷人邪見的智者。❺六塵　色聲香味觸法六種認識對象、認識境界。佛教認為此六者像塵埃一樣染汙人的情識，故稱六塵。還能引人迷妄，稱六妄。又能劫持一切善法，名六賊。參見〈奴守門喻〉注。❻五欲　眼耳鼻舌身五種情欲。參見〈奴守門喻〉注。❼諦　注意；仔細。

【語　譯】從前有一個小孩，在陸地上玩耍，捉到一隻大龜。想把牠殺死，不知道用什麼方法，就問別人說：「怎樣才能殺死此龜？」有個人告訴他：「你只要把牠扔到水裡，馬上就能殺死牠。」小孩相信了他的話，就把龜扔到水中，龜入水以後，立刻逃掉了。

世俗之人也是這樣。想把六根守護住，修行各種功德，不知道用什麼方法，就問別人說：「造作何種因緣才能獲得解脫？」堅持邪惡之見的外道、天魔波旬、及以邪惡之說教人的智者對他說：「你只管恣意於六塵之樂，縱情於五欲之歡，照我所說去做，必定能夠獲得解脫。」這些愚癡之人，也不仔細思考辨別，就照這些話去做了，待身死命終之後，墮入三惡道中。就像那個小孩把大龜扔進水中一樣。

偈頌

此論我❶所造，和合喜笑語。

多損正實說，觀義應不應。

如似苦毒藥，和合於石蜜。

藥為破壞病，此論亦如是。

正法中戲笑，譬如彼狂藥。

佛正法寂定❷，明照於世間。
如服吐下藥，以酥潤體中。
我今以此義，顯發於寂定。
如阿伽陀藥❸，樹葉而裹之。
取藥塗毒竟，樹葉還棄之。
戲笑如葉裹，實義在其中。
智者取正義，戲笑便應棄。
尊者❹僧伽斯那造作《癡花鬘》❺竟。

【注　釋】❶我　指本書編撰者僧伽斯那。❷寂定　遠離妄心妄想之禪定，亦即涅槃境界。❸阿伽陀藥　藥名。阿伽陀，為梵文音譯，意譯為無病，謂服此藥可以無病。又譯為普去，謂服此藥可去眾疾。又譯作無價，謂此藥功效極高，價值無量。又稱不死藥，或指一般解毒藥。❹尊者　佛教對和尚的尊稱，指修行完足，德智兼備的可尊敬的僧人。❺癡花鬘　愚人故事集。為本書之初名，通行後始稱《百喻經》。癡，愚昧不明事理。花鬘，花環、花串，古印度婦女用作飾物，此處比喻把愚人故事聯綴成書，如集花成環。

【語　譯】

此書是我所編撰，書中參合喜笑語。
多有損於中正平實說，但觀其本義是否合理。
就像苦口有毒性的藥，參合進一些冰糖。
藥是為祛除疾病，此書宗旨亦如此。
正法之中加笑料，好比那些加冰糖之藥。
由佛法達於涅槃，其靈光普照世間。
如同服下吐瀉藥，使體內酥軟滋潤。
我現在也用此意，來彰顯發揚佛法之涅槃境界。
如同阿伽陀藥，用樹葉包裹起來。
取藥塗於毒瘡後，樹葉隨後可丟棄。
笑料如同裹藥的樹葉，真實本義包在中間。
有智之人領悟本義，笑料就應隨手拋棄。
尊者僧伽斯那編撰愚人故事集《癡花鬘》完。

【說　明】本篇為全書結尾之偈詩，揭示編撰宗旨，在通過笑話破除愚癡，開啟智慧，領悟佛法本義。佛法本義如治病良藥，但良藥苦口，忠言逆耳，須和以冰糖，裹以樹葉，才會討人喜歡，為人接受，而廣泛傳播發揮更大作用。因此，領悟本義之後，就可以把笑料像樹葉一樣丟棄，不可只記住笑話而忘記本義，重犯買櫝還珠的錯誤。

◎新譯阿彌陀經

蘇樹華／注譯

《阿彌陀經》所說的阿彌陀，即是諸人的自性妙體。《阿彌陀經》所說的極樂淨土，即是諸人的自心實相。所謂「自性彌陀，唯心淨土」。《阿彌陀經》所說的種種變化，種種莊嚴，皆是諸人的自性妙體的變化所作，皆是諸人的自性妙體的清淨莊嚴。《新譯阿彌陀經》一書，遵循「自性彌陀，唯心淨土」這一宗旨，詳細地闡釋了《阿彌陀經》的深層含義。

◎新譯法句經

劉學軍／注譯

《法句經》是從早期佛典中輯錄出來的佛教格言偈頌集，是一部深受廣大佛教信眾喜愛的經典。另外，由於早期佛教思想，比較接近人類本真的心理狀況和倫理需求，所以這部經典也為現代人提供有益的道德啟發和人生智慧的滋養。《法句經》的語言具有高度的濃縮性、鮮明的形象性，以及回環往復的語體化的文學特徵，讀者在閱讀過程中，肯定能獲得極佳的閱讀體驗和審美享受。

◎新譯列仙傳

張金嶺／注譯　陳滿銘／校閱

《列仙傳》是中國歷史上最早有系統地給神仙立傳的專著，開啟後代道士或文人給神仙立傳的先河。本書描寫各歷史時期及各色人等的成仙事跡，意在向人們說明世有神仙，而神仙也可求。本書不僅是宗教研究者，特別是喜歡養生術之人的參考書，更是文辭典雅、意味雋永的文學作品，對中國文學藝術有很大的影響。

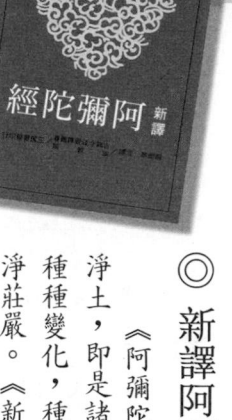

國家圖書館出版品預行編目資料

新譯百喻經／顧寶田注譯.——二版四刷.——臺北市：三民，2020
面；　公分.——(古籍今注新譯叢書)

ISBN 978-957-14-3898-6（平裝）
1.本緣部

221.86

古籍今注新譯叢書

新譯百喻經

注譯者｜顧寶田
發行人｜劉振強
出版者｜三民書局股份有限公司
地　址｜臺北市復興北路 386 號 (復北門市)
臺北市重慶南路一段 61 號 (重南門市)
電　話｜(02)25006600
網　址｜三民網路書店 https://www.sanmin.com.tw

出版日期｜初版一刷 2004 年 2 月
初版二刷 2007 年 1 月
二版一刷 2010 年 6 月
二版四刷 2020 年 5 月
書籍編號｜S032490
ISBN｜978-957-14-3898-6

三民書局